Klaus Metzger

45 Unterrichtsideen Deutsch

Herausgeber

GABRIELE CWIK war Rektorin an einer Grundschule und pädagogische Mitarbeiterin im Ministerium für Schule und Weiterbildung des Landes Nordrhein-Westfalen. Sie ist Schulrätin in der Schulaufsicht der Stadt Essen und zuständig für Grundschulen.

DR. KLAUS METZGER ist Regierungsschulrat, zuständig für alle fachlichen Fragen der Grundschule und die zweite Phase der Lehrerausbildung für Grund- und Hauptschulen im Regierungsbezirk Schwaben/Bayern.

DR. KLAUS METZGER ist zugleich Autor dieses Bandes.

Klaus Metzger

45 Unterrichtsideen Deutsch

Kompetenzen individuell entwickeln
Für alle Teilbereiche des Faches
Für alle Jahrgangsstufen

Bitte vergrößern Sie die Kopiervorlagen mit 141 %. Sie erhalten dann eine DIN-A4-Seite.
Die in diesem Werk angegebenen Internetadressen haben wir überprüft (Redaktionsschluss:
November 2009). Dennoch können wir nicht ausschließen, dass unter einer solchen Adresse
inzwischen ein ganz anderer Inhalt angeboten wird.
Nicht in allen Fällen konnten wir die Rechteinhaber ausfindig machen. Berechtigte Ansprüche
werden wir im üblichen Rahmen vergüten.

www.cornelsen.de

Bibliografische Information: Die Deutsche Bibliothek verzeichnet diese Publikation in
der Deutschen Nationalbibliografie; detaillierte bibliografische Daten sind im Internet über
http://dnb.ddb.de abrufbar.

Dieses Werk folgt den Regeln der deutschen Rechtschreibung, die seit August 2006 gelten.

1. Auflage 2010
© 2010 Cornelsen Verlag Scriptor GmbH & Co. KG, Berlin
Projektleitung: Gabriele Teubner-Nicolai, Berlin
Redaktion: Barbara Holzwarth, München
Herstellung: Brigitte Bredow, Berlin
Satz/Layout: FROMM MediaDesign, Selters/Ts.
Umschlaggestaltung: Claudia Adam, Darmstadt; Torsten Lemme, Berlin
Umschlagfoto: Colourbox Deutschland
Illustrationen: Klaus Pitter, Wien
Druck und Bindung: fgb · freiburger graphische betriebe
Printed in Germany
ISBN 978-3-589-05160-1

Inhalt gedruckt auf säurefreiem Papier,
umweltschonend hergestellt aus chlorfrei gebleichten Faserstoffen.

Inhalt

Vorwort

Zwei Entwicklungslinien

Das Nachdenken über Unterricht und Lehren nahm in den letzten Jahren, unter dem Einfluss einer konstruktivistisch orientierten Perspektive, vorzüglich das in den Blick, was „in den Köpfen der Kinder" abläuft. Als paradigmatisch könnte der Satz von Ernst von Glasersfeld gelten:

„Die Kunst des Lehrens hat wenig mit der Übertragung von Wissen zu tun; ihr grundlegendes Ziel muss darin bestehen, die Kunst des Lernens auszubilden."

Lernen wird als Prozess verstanden, bei dem es als Folge von Erfahrung zu dauerhaften Änderungen im Verhaltenspotenzial – das nicht unmittelbar an konkret beobachtbares Verhalten gebunden sein muss – kommt.

Der lernende Mensch wird als zielgerichtet handelnde Person aufgefasst, die aktiv nach Informationen sucht, diese vor dem Hintergrund ihres Vorwissens interpretiert und daraus neue Auffassungen und Konzepte von der Wirklichkeit ableitet. Die vermeintlich objektive Wirklichkeit wird dabei subjektiv konstruiert, auf der Basis bereits bestehender Wissenselemente gedeutet und erlangt erst durch den gemeinsamen Kommunikationsprozess Verbindlichkeit.

Ziel des Handelns von Lehrkräften ist es, Schülerinnen und Schüler möglichst effektiv und nachhaltig zum Lernen anzuregen. Dazu bedarf es professioneller, bewusster Planung und Reflexion von Lernprozessen und einer Ausgestaltung von Lernarrangements. Lehrer übernehmen die Rolle von „Coaches" bzw. Moderatoren, die den individuellen Konstruktionsprozess anregen und unterstützen, aber nicht wirklich steuern (können). Ihre primäre Aufgabe wird in der Bereitstellung einer herausfordernden Aufgabe oder einer möglichst reichen und authentischen Lernumgebung gesehen, sodass insbesondere an Vorwissen angeknüpft werden kann. Der Lerner besitzt dabei ein hohes Maß an Freiheit, sich Themengebiete selbstständig zu erschließen. Er erhält dazu Anregungen, Hilfen, Hinweise, Feedback und die Möglichkeit, einen individuellen Lösungsweg zu gehen.

Die Notwendigkeit der individuellen Förderung aller Begabungen des einzelnen Kindes ist unstrittig. Unterricht muss daher jedem Kind einen, d. h. *seinen* Zugriff auf Themen, Inhalte und Aufgaben ermöglichen, damit es seine Kernkompetenzen ausbilden und erweitern kann.

Ein gangbarer Weg ist, Schüler mit Aufgaben zu konfrontieren, die es in ihrer Offenheit und ihrem Anspruchsniveau jedem Kind ermöglichen, Erfolgserlebnisse und Lernfortschritte zu erreichen. In diesem Zusammenhang haben sich zudem Aspekte wie Feedback und Selbsteinschätzung bzw. Reflexion von Lernfortschritten als zielführend erwiesen.

Mit den KMK-Standard-Festlegungen intensivierte sich die sogenannte Outcome-Orientierung. Für alle Teilbereiche des Faches Deutsch wurden Kompetenzbereiche definiert, die für den Unterricht bindend sind. Der Band „Bildungsstandards für die Grundschule: Deutsch konkret" (BREMERICH-VOS 2009) gibt hierzu eine kompakte Übersicht. Insbesondere wird das Setting von (Test- und Lern-)Aufgaben be- und durchleuchtet. Deutlich wird, dass zum einen die Frage nach den durch die Aufgabe angesprochenen (Teil-)Kompetenzen zentral ist, zum anderen die Frage der Schwierigkeitsfaktoren und deren Ausprägung bezogen auf ebendiese Kompetenzen:

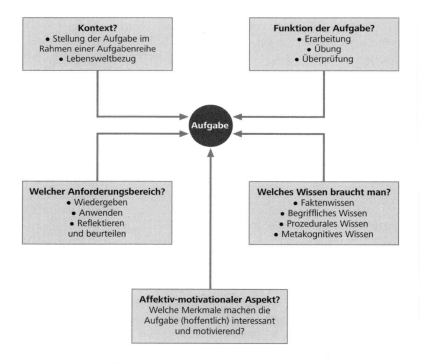

Kontext? • Stellung der Aufgabe im Rahmen einer Aufgabenreihe • Lebensweltbezug	**Funktion der Aufgabe?** • Erarbeitung • Übung • Überprüfung

Aufgabe

Welcher Anforderungsbereich? • Wiedergeben • Anwenden • Reflektieren und beurteilen	**Welches Wissen braucht man?** • Faktenwissen • Begriffliches Wissen • Prozedurales Wissen • Metakognitives Wissen

Affektiv-motivationaler Aspekt?
Welche Merkmale machen die Aufgabe (hoffentlich) interessant und motivierend?

Zentral ist immer die Frage, auf welche (Teil-) Kompetenzen sich die einzelne Aufgabe (bzw. die Aufgabenreihe) beziehen soll.

(Aus: BREMERICH-VOS 2009, S. 26)

Zum vorliegenden Band

Diese „Ideenwerkstatt" bietet kompetenzfördernde Aufgaben, Modelle und Ideen für alle Teilbereiche des Faches Deutsch, verknüpft mit den KMK-Standards für die Grundschule; die für die Aufgabe bzw. das Modell zentralen Kompetenzbereiche werden eingangs zusammengestellt, damit auf den ersten Blick Zuordnung und Integration in den eigenen Unterricht möglich sind. Am Ende werden Beispiele von anschließbaren Aufgaben (ein Merkmal „guter Aufgaben") angeführt.

Absichtsvoll unterscheiden sich die Beiträge in der „Ideenwerkstatt" hinsichtlich des Umfangs, der Darstellungsart und -tiefe. Das hat zwar auch mit dem jeweiligen Beispiel zu tun, soll aber insbesondere an vielen Stellen Raum lassen für individuellen Zugriff, eigene Ausprägungen und Settings.

Fast immer wird zudem nicht die eine, eindeutige Lösung ins Zentrum gerückt, sondern die sich durch die Komplexität der Aufgabe eröffnenden Lernchancen der Kinder. Je komplexer und weiter eine Aufgabe ist, umso mehr wird bei den Kindern ein auf Mehrperspektivität zielender, fragender Zugriff provoziert. Diese Fragen strukturieren Denkprozesse, schulen also das Denken und helfen bei der Informationsaufnahme und -verarbeitung. Unverzichtbar ist dann die je eigene Beantwortung bzw. die je eigene Erklärung eines Phänomens, eines Sachverhalts. Dadurch wird ein verstehendes Durchdringen ermöglicht, ein anhaltender Kompetenz- und Wissenszuwachs wird erreicht.

In seiner Gliederung folgt der Band der Einteilung der Kultusministerkonferenz des Faches Deutsch, ohne selbstverständlich den teilbereichsintegrierenden Gedanken aus den Augen zu verlieren:

- Sprechen und Zuhören
- Schreiben
- Lesen – mit Texten und Medien umgehen
- Sprache und Sprachgebrauch untersuchen

Jedes Kapitel wird, soweit vorhanden, eingeleitet mit einer kurz kommentierten Grafik zum Kompetenzbereich aus dem oben genannten Band von BREMERICH-VOS; zur Vertiefung wird die Lektüre ausdrücklich anempfohlen.

Marisa Solvejg – danke für deine guten Ideen!

Sprechen und Zuhören

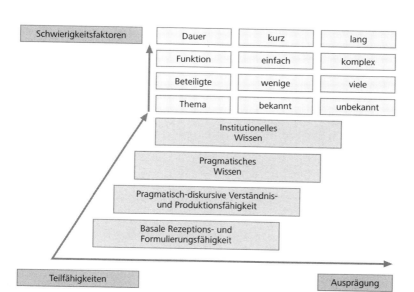

Teilaspekte der Gesprächsfähigkeit

(*Aus:* BECKER-MROTZEK *2008, S. 62*)

Die Grafik verdeutlicht, wie viele Fähigkeiten und Faktoren eine Rolle spielen, wenn eine Sprech- oder Gesprächssituation gelingen soll. Aufgabe von Unterricht ist es, einzelne Komponenten bewusst geplant anzugehen, ohne dabei den Blick für das Ganze zu verlieren.

- Basale Rezeptions- und Formulierungsfähigkeit: Gedanken mithilfe phonologischer, lexikalischer und grammatischer Mittel ausdrücken und rezipierend die Bedeutung sprachlicher Ausdrücke verstehen.
- Pragmatisch-diskursive Verständnis- und Produktionsfähigkeit: kommunikative Ziele in Kooperation mit dem Gesprächspartner durch eigene Gesprächsbeiträge realisieren und die entsprechenden Äußerungen des Gesprächspartners angemessen deuten.
- Pragmatisches Wissen: Wissen über die grundsätzliche Funktionsweise von Gesprächen, etwa Sprecherwechsel, Aufgaben eines Erzählers usw.
- Institutionelles Wissen: Kenntnis, wie in bestimmten Institutionen (etwa der Schule) sprachlich gehandelt wird.

Argumentieren I – Shaun, das Schaf

(alle Jahrgangsstufen)

Standardbezug

Sprechen und Zuhören
Gespräche führen
- sich an Gesprächen beteiligen.

zu anderen sprechen
- funktionsangemessen sprechen: erzählen, informieren, argumentieren, appellieren.

verstehend zuhören
- Inhalte zuhörend verstehen,
- gezielt nachfragen,
- Verstehen und Nicht-Verstehen zum Ausdruck bringen.

Lesen – mit Texten und Medien umgehen
Texte erschließen
- Texte mit eigenen Worten wiedergeben,
- zentrale Aussagen eines Textes erfassen und wiedergeben,
- eigene Gedanken zu Texten entwickeln, zu Texten Stellung nehmen und mit anderen über Texte sprechen,
- handelnd mit Texten umgehen: z. B. illustrieren, inszenieren, umgestalten, collagieren.

Mit den Bildern 1 und 2 via Folie oder Beamer versetzt man die Kinder in eine Situation, die mit minimalen Mitteln – nur ein Augenpaar – wirksam anregt und ermutigt, sich zu äußern bzw. zu argumentieren. Sofort entwickelt sich zwischen den Schülern ein dialogischer Austausch, bei dem sich die Lehrerin ganz zurückhalten sollte. Viele Fragen sind offen: Wer? Wo? Was ist vorher/nachher passiert? Was passiert gerade? usw. Die Antworten bzw. Mutmaßungen bleiben jedoch erst einmal spekulativ.

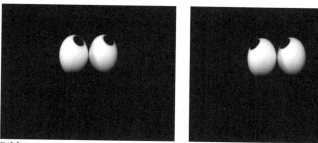

Bild 1

Bild 2

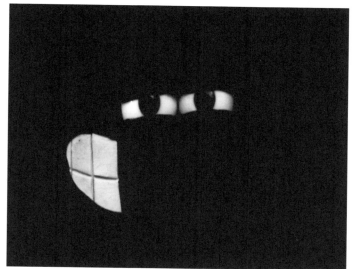

Bild 3

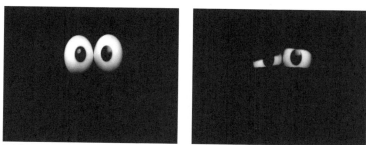

Bild 4

Bild 5

(Aus: Shaun das Schaf – Abrakadabra; Wer ist die Mami?, WDR 2007)

Nach einer Weile zeigt man Bild 3; die neuen Informationen veranlassen wieder zum interaktiven Austausch. Klärt sich nun etwas? Worauf lässt die überzeichnete Mimik schließen? Wie ist der Gesichtsausdruck überhaupt zu interpretieren? Für alle ihre Mutmaßungen finden die Schüler plausible Begründungen, obwohl es nicht einfach ist, die Bilder in einen logischen Zusammenhang zu bringen, da die Situation ja völlig undefiniert ist.

Bild 4 (weit aufgerissene Augen) und Bild 5 (resignierter Augenausdruck) bringen buchstäblich „Licht in das Dunkel", denn nun wird klar, dass ein Vorhaben fehlgeschlagen sein muss – wenn auch völlig offen ist, welcher Art dieses war. Als Anregung könnte man noch den Titel des Clips „Wer ist die Mami?" in die Klasse geben.

Meinungen begrün-
den und mimische
Ausdrucksmittel de-
kodieren lernen

Neben der Anforderung, die eigene Meinung permanent begründen zu müssen, ist hier auch ein hohes Maß an Dekodierungsfähigkeit bezogen auf mimische Ausdrucksmittel nötig – nicht für alle Kinder ein einfaches Unterfangen. Zum Abschluss sieht sich die Klasse natürlich den Clip (Dauer: ca. 7 Min.) an.

Mögliche Anschlussaufgaben

- Kinder generieren selbst zwei Bilder in Form von Screenshots (jeder Media-Player am PC verfügt über eine solche Funktion; ein Klick genügt, das Bild ist fertig) und geben sie in die Runde.
- Nachstellen und Fotografieren der ausdrucksstarken Augenpartie mit der Digitalkamera; eine Fotowand arrangieren
- Trickfilm und Spielfilm vergleichen (Geschichten wie „101 Dalmatiner", „Robin Hood" u. a. sind z. B. in beiden Formen realisiert): ein Einzelbild einer Szene aus dem Zeichentrickfilm einem Bild der entsprechenden Szene aus dem Spielfilm gegenüberstellen
- schriftliches Argumentieren (Schreibaufgabe)

Argumentieren II – „Warum werden fast nur Männer vom Blitz getroffen?"

(4. Jahrgangsstufe)

Standardbezug

Sprechen und Zuhören
Gespräche führen
- sich an Gesprächen beteiligen,
- gemeinsam entwickelte Gesprächsregeln beachten: z. B. andere zu Ende sprechen lassen, auf Gesprächsbeiträge anderer eingehen, beim Thema bleiben,
- Anliegen und Konflikte gemeinsam mit anderen diskutieren und klären.

zu anderen sprechen
- Wirkungen der Redeweise kennen und beachten,
- funktionsangemessen sprechen: erzählen, informieren, argumentieren, appellieren.

verstehend zuhören
- Inhalte zuhörend verstehen,
- gezielt nachfragen,
- Verstehen und Nicht-Verstehen zum Ausdruck bringen.

Mithilfe von sogenannten Alltagstheorien versuchen wir, Phänomene der uns umgebenden Welt zu erklären. Diese Alltagstheorien sind notwendig, weil wir bewusst und unbewusst nach Erklärungen suchen, um Zusammenhänge zu verstehen. Vieles davon ist menschheitsgeschichtlich tradiert, manche überholten Erklärungen halten sich – wider besseres Wissen – hartnäckig. In diesen Theorien steckt meist ein Körnchen „Wahrheit", ohne dass sie jedoch etwa den objektiven physikalischen Zusammenhängen gerecht werden. (Ein Paradebeispiel ist das Hilfskonstrukt, mit dem das Fließen von Strom erklärt werden soll.)

Auf kindgerechte Weise gelingt es GERHARD STAGUHN in seinem Buch „Warum fallen Katzen immer auf die Füße? ... und andere Rätsel des Alltags" alltägliche Phänomene zu erklären. Die Texte sind zwar nicht immer ganz einfach, aber doch vereinfacht größtenteils für den Einsatz im Grundschulunterricht geeignet. Der Bezug zur Lebenswelt ist per se gegeben, alle Kinder – gerade jedoch Jungen – sind an solchen Texten interessiert. (Auch, weil sie dann ihren Eltern gegenüber einen Wissensvorsprung haben.)

Alltagsrätsel

Warum werden fast nur Männer vom Blitz getroffen?

Wenn wir im vorigen Kapitel sagten, dass es eigentlich keinen Grund gibt, sich vor einem Gewitter zu fürchten, so heißt das nicht, dass Gewitter absolut ungefährlich sind. Ein Gewitter ist dann gefährlich, wenn man sich dabei im Freien aufhält. Vor Gewittern schützt man sich, indem man sich in den Schutz eines Gebäudes oder Autos begibt.

Die wenigen Menschen, die jährlich von einem Blitz getroffen werden, befinden sich alle im Freien. Wenn man bedenkt, dass in Deutschland pro Jahr etwa 750.000 Blitze gezählt werden, von denen vielleicht zwei oder drei einen Menschen töten, so ist diese Gefahr nun wirklich als äußerst gering einzustufen. Eine amerikanische Statistik verzeichnet für den Zeitraum von 1959 bis 1994 exakt 3.239 Todesfälle durch Blitzschlag für die USA. Das sind aber nicht alle vom Blitz Getroffenen, denn manche überleben diese heftige Entladung der Naturgewalt nahezu unverletzt. Bei ihnen fließt der größte Teil des Blitzstroms nicht durch den Körper hindurch, sondern an der isolierenden Hautoberfläche als sogenannter Gleitlichtbogen ab. Abgesehen von Benommenheit, Taubheitsgefühlen, Sehstörungen und einem Schockzustand hinterlässt der Blitztreffer meist nur ein charakteristisches farnkrautähnliches Muster auf der Haut. Die Mediziner sprechen von Lichtenberg-Figuren. Ähnliche Muster hatte nämlich der Göttinger Physiker und Schriftsteller Georg Christoph Lichtenberg (1742–1799) beschrieben. Er entdeckte bei seinen Versuchen mit Elektrizität büschelförmige Muster, die beim Einschlag elektrischer Funken in die Oberfläche von isolierenden Stoffen entstehen. Lichtenberg machte diese Muster durch Bestäuben der getroffenen Oberflächen mit Ruß oder Kreidestaub sichtbar. Auf der Haut eines vom Blitz Getroffenen zeigt sich der Weg der lebensrettenden Gleitentladung als schmerzlose Rötung, die nach wenigen Tagen wieder verschwindet.

Ach ja, unsere Eingangsfrage ist noch immer nicht beantwortet: Warum werden fast nur Männer – nämlich zu mehr als 80 Prozent – vom Blitz getroffen? Dahinter steckt keine rätselhafte Anziehungskraft, etwa eine höhere „Geladenheit" von Männern, sondern die nüchterne Tatsache, dass Männer sich häufiger im Freien aufhalten. Dies gilt vor allem für die bäuerliche Bevölkerung. Vielleicht hat es auch damit zu tun, dass Frauen ihre Männer gern mit Schreckensrufen wie „Horst, die Wäsche hängt noch an der Leine!" oder „Klaus, das Garagentor steht noch auf!" ins Gewitter hinausschicken. Darauf sollte man als Mann besser nicht hören, sondern lieber den Antennenstecker aus dem Fernsehapparat ziehen.

(Aus: STAGUHN, G. (2002): Warum fallen Katzen immer auf die Füße und andere Rätsel des Alltags. Mit Illustrationen von JOCHEN WIDMANN. Carl Hanser Verlag: München/Wien, S. 68–69)

Aus dem Buch lassen sich die in den Überschriften formulierten Fragen herausziehen, die den Kindern dann zur Diskussion gestellt werden. Ihre Meinung müssen die Kinder begründen, insbesondere auch, weil sie mit anderen Erklärungsvorstellungen konkurrieren. Spannend etwa ist die Frage: „Warum werden fast nur Männer vom Blitz getroffen?"

Über Alltagsphänomene sprechen – Begründungen formulieren

Mögliche Anschlussaufgaben

- Kinder suchen selbst Fragen, Phänomene, Dinge von Interesse
- Lesen der erklärenden Texte (verstehendes Lesen)
- Nachdenken über die Fragen in schriftlicher Form

Hörspiel – „de la Kritz: Mein erster Fall – Das Geheimnis der Tüte"

(3./4. Jahrgangsstufe)

Standardbezug

Sprechen und Zuhören
verstehend zuhören
- Inhalte zuhörend verstehen.

Schreiben
Texte verfassen
- Texte planen,
- Texte schreiben,
- Texte überarbeiten.

Das Hörspiel „de la Kritz: Mein erster Fall – Das Geheimnis der Tüte" von ROBERT MISSLER (Hörcompany 2003) erzählt folgende Geschichte:

Uwe Böckelmann, der von seinem Großvater eine Jacke sowie eine Tüte mit schwarzer Lakritze erbt und so zum Pseudonym „de la Kritz" kommt, gerät unversehens in einen spannenden Fall, der um die Lösung dieses Rätsels kreist: „Das Erste vergrößert den Klang der Stimme, das Zweite vergrößert den Genuss des Zuschauers, beides zusammen ist wenig klar."

Den Umgang mit diesem Hörspiel gibt es selbst vor: Feindliche Agenten hören de la Kritz ab, doch die Abhöranlage überträgt die Geschichten falsch. Es ist die Aufgabe des Hörers, diese Fehler zu entdecken. Daher ist – auch wenn der Plot relativ einfach und leicht verstehbar ist – zum einen genaues, konzentriertes Zuhören gefragt. Zum anderen ist auch ein gewisses Maß an Merkfähigkeit vonnöten; denn es gilt ja, die Unterschiede von Original und Fälschung aufzuschreiben und man weiß vorher nicht, *was* sich ändert.

Der erste Track des Hörspiels bietet die Einführung. Hier wird erklärt, dass sich Original und Fälschung stets abwechseln. Das heißt, zuerst wird der originale Text gesprochen, dann der gleiche Text, aber mit leichten Veränderungen, die der Hörer herausfinden und notieren soll.

Weil das Hörspiel mit einer Länge von 65:43 Minuten – verursacht durch das zweifache Erzählen, als Original und als Fälschung – für Grundschulkinder sehr bzw. zu lang ist, haben es die Produzenten in drei Teile gesplittet, die jeweils ca. 20 Minuten (10 Min. + 10 Min.) dauern. Diese Teilung erlaubt es dann auch, das Hörspiel im Unterricht in drei Einheiten an verschiedenen Tagen einzusetzen.

Alle gesprochenen Texte stehen im dazugehörigen Textbuch, dort finden sich ebenfalls die Lösungen.

Die Dreiteilung des Hörspiels legt nahe, sich an drei aufeinanderfolgenden Tagen jeweils eine Episode von „de la Kritz" anzuhören. Damit beim Notieren der Unstimmigkeiten nicht immer nach dem gleichen Schema verfahren wird und sich von einem Tag auf den anderen eine Steigerung in der Schwierigkeit ergibt, bietet sich als Abfolge an:

Teil 1	nur Strichliste (jeder für sich) *oder*: sammeln und aufschreiben in der Gruppe (unstrukturiert)
Teil 2	genaues Aufschreiben (zweispaltig) mit Partner
Teil 3	genaues Aufschreiben (zweispaltig) alleine

Für das genaue Aufschreiben bekommen die Kinder ein vorgefertigtes Blatt (siehe Kopiervorlage auf S. 19). Natürlich wäre auch eine selbst erstellte Tabelle auf einem einfachen Blatt Papier möglich, jedoch: Der motivationale Reiz eines vorgefertigten, ansprechenden Schreibblattes ist nicht zu unterschätzen.

Die Auswertung erfolgt nicht im Plenum, sondern in Arbeitsgruppen. Damit wird erreicht, dass alle Kinder ihre Ergebnisse mit anderen vergleichen können, und das dazu noch in kürzerer Zeit. Zudem wird dadurch der Wettbewerbscharakter etwas gezügelt, der im Plenum zwangsläufig entsteht, weil sich manche Kinder in der großen Gruppe stärker zu profilieren suchen als in kleineren Einheiten.

Ein Hörspiel untersuchen

© Hörcompany

Original	Fälschung

Die Lösungen der Arbeitsgruppen gehen schließlich ins Plenum; bei unterschiedlicher „Trefferzahl" werden die Ergebnisse verglichen. Entsteht hier eine Konkurrenzsituation, dann zwischen Gruppen, nicht zwischen einzelnen Kindern.

Mögliche Anschlussaufgaben

- bei weiteren „de la Kritz"-Hörspielen die Schreibabfolge verändern, indem die Einheiten nicht chronologisch behandelt werden, sondern beispielsweise Teil 3 vor Teil 2
- ein eigenes Hörspiel mit „Fehlern" entwickeln

Stimme – Stimmpflege – Artikulation
(alle Jahrgangsstufen)

Standardbezug

Sprechen und Zuhören
zu anderen sprechen
- an der gesprochenen Standardsprache orientiert und artikuliert sprechen,
- Wirkungen der Redeweise kennen und beachten.

Um die Sprechbereitschaft der Kinder zu erhöhen, sollte zuerst versucht werden, eventuell vorhandene Sprechschwierigkeiten abzubauen, die Sprechstimme zu schulen und die Artikulations- und Ausdrucksfähigkeit zu verbessern (soweit das für Laien möglich ist). Stimmentwickelnde, stimmpflegende und artikulatorische Übungen, die in kleine Geschichten eingebaut werden können, sind nicht nur im Musikunterricht sinnvoll, sie lockern auch den Unterricht insgesamt gezielt auf. Die Kinder machen bei solchen kurzen Übungen immer gerne mit.

Stimmentwickelnde, stimmpflegende, artikulatorische Übungen

Als Übungsbereiche haben sich in der Praxis bewährt:

- **Entspannungsübungen** jeglicher Art, wobei jedoch darauf geachtet werden muss, dass immer durch die Nase eingeatmet und durch den Mund ausgeatmet wird.
- **Atemübungen** zur Atemstütze und zur Zwerchfellatmung; das **Atemschnüffeln** (Luft dreimal mit kräftigen, kurzen Zügen durch die Nase einsaugen, zwischen den Zügen kurz pausieren – die Bauchmuskulatur bleibt angespannt) lässt sich beispielsweise mit der Geschichte eines kleinen Hundes verbinden, der schnüffelnd seinen vergrabenen Kno-

chen sucht und dabei viele andere Gerüche wahrnimmt. Der **Lungenfeger** (einatmen, einen Teil der Luft durch eine ganz kleine Öffnung der lockeren Lippen entweichen lassen, den Restatem anhalten – die Lippen sind geschlossen –, einen Teil entweichen lassen usw., bis alle Luft entwichen ist) lässt sich gut in die Situation „Konzert eines Blasorchesters" einbetten. Die jeweiligen Instrumentengruppen bekommen von einem Dirigenten das Zeichen, wann sie wieder blasen, also einen Teil der Luft entweichen lassen dürfen.

- **Phonetische** bzw. **artikulatorische Übungen**, um den Resonanzraum bei Vokalen zu vergrößern und die Lautbildung der Konsonanten zu verbessern. Integriert in Geschichten von Hexen, Zauberern und anderen magischen oder fantastischen Figuren, die in einer vereinbarten Konsonantensprache sprechen, scharf flüstern, zischen, knurren ..., sind die Übungen noch motivierender. Eine zweite Möglichkeit sind Schallgeschichten, in denen die vorkommenden Geräusche (eine Uhr tickt, ein Reifen platzt, der Motor stottert, ein Kind trällert ...) imitiert werden. Hierzu gehören auch alle Übungen, bei denen Tierlaute nachgeahmt werden („Ein Spaziergang durch den Zoo").

- **Stimmübungen**, bei denen die Sprech- und Stimmlage moduliert (fließend verschiedene Tonhöhen erzeugen) oder transponiert (kleine Tonfolgen in höhere oder tiefere Lagen umsetzen) werden. Ein praktisches Beispiel wäre hier die (ständig zu variierende) „Feuerwehrgeschichte", zu der die Kinder in zwei Gruppen eingeteilt werden. Die eine Gruppe ahmt an passenden Stellen den Klang der Sirenen nach, die andere den Alarm des Feuerwehrautos.

Wo es sich anbietet, sollten die Stimmübungen mit Formen der ganzheitlichen **Bewegungsbildung** kombiniert werden. Gut möglich ist das beispielsweise bei der „Feuerwehrgeschichte", wenn der ganze Körper die Tonhöhenmodulation nachvollzieht, beim „Konzert des Blasorchesters", wenn die für bestimmte Instrumente (etwa Posaune) typischen Bewegungen nachgeahmt werden, wenn sich die Kinder wie ein kleiner Hund auf allen vieren im Raum bewegen oder beim „Spaziergang durch den Zoo", wenn nicht nur die Laute, sondern auch die Fortbewegungsart der Tiere imitiert wird.

Stimmübungen mit Bewegungsbildung verbinden

Mögliche Anschlussaufgaben
- weitere Spielgeschichten finden
- die Übungen mit instrumentalem Spiel verbinden

Sprechen/Rhetorik – Spielformen

(alle Jahrgangsstufen)

Standardbezug

Sprechen und Zuhören
zu anderen sprechen
- an der gesprochenen Standardsprache orientiert und artikuliert sprechen,
- Wirkungen der Redeweise kennen und beachten.

*Freies Sprechen
spielerisch fördern*

Durch Übungen, die die Stimme trainieren, gewinnen die Kinder ein gewisses Maß an Sprechsicherheit, zumindest im artikulatorischen Bereich. Sie wissen mit ihrer Stimme umzugehen, können sie modulieren oder gemäß konkreten bzw. imaginären Erfordernissen einsetzen. Damit ist schon ein erstes Hindernis auf dem Weg zu freiem Sprechen überwunden. Im Folgenden werden vier in der unterrichtlichen Praxis erfolgreich erprobte Spiele vorgestellt, die ganz bewusst so konzipiert sind, dass sie zielgerichtet zur weiteren Förderung des freien Sprechens eingesetzt werden können. Ihre wichtigste Funktion besteht darin, durch kleine Aktionen oder kurze Redeanteile – manchmal ist es nur ein Wort – Hemmungen und Ängste vor freiem, öffentlichem Sprechen abzubauen. Gleichzeitig erweitern und differenzieren die Kinder ihre sprachlichen Mittel. Nicht immer müssen alle gemeinsam ein Spiel spielen, kleinere Gruppen oder auch nur ein Partner sind für Kinder mit Sprechhemmungen meist förderlicher.

Kaufen, kaufen!

Von den Kindern mitgebrachte Gegenstände sollen „verkauft" werden. Der Verkäufer steht wie ein Marktschreier auf einer Kiste, die anderen sitzen auf Kissen vor ihm. Laut und leidenschaftlich preist er die Vorzüge eines Gegenstandes an, zwangsläufig moduliert er dabei seine Sprechstimme. Da sich die Kundschaft selbstverständlich nicht ruhig verhält, muss er auf Zurufe, Einwände usw. sprachlich reagieren. Hat er einen Käufer gefunden, wird dieser der neue Verkäufer. Als Variation könnte man zwei Verkaufsstände aufbauen, an denen gleichzeitig Waren angeboten werden.

Die Kinder erfahren dabei, wie es ist, vor einer Menge exponiert zu stehen; zudem üben sie das schnelle und flexible sprachliche Reagieren auf verbale Äußerungen der Kommunikationspartner und sich verändernde Stimmungen ein.

Mischmasch

Alle sitzen im Stuhlkreis. Eine bekannte Geschichte wird mündlich begonnen, ein Kind spinnt sie nach eigenen Ideen weiter und gibt irgendwann das Wort weiter. Das jeweils sprechende Kind darf dabei jedoch nicht im Stuhlkreis sitzen bleiben, sondern setzt sich auf einen Stuhl in der Mitte des Kreises.

Das Kind lernt so, mit einer Situation umzugehen, in der alle Blicke auf es gerichtet sind und es reden muss.

Bitte, nimm mich!

Die Kinder sitzen auf Kissen und bilden einen großen Kreis. Eine Kiste, in der sich allerlei Krimskrams angesammelt hat, steht in der Mitte. Die Kinder flüstern so lange gemeinsam „Bitte, nimm mich! Bitte, nimm mich!", bis einer aus der Gruppe aufsteht, zur Kiste läuft, etwas herausnimmt, sich neben die Kiste setzt und sich zum Gegenstand erzählend, berichtend o. Ä. äußert.

Hier ist die Erfahrung entscheidend, dass man, wenn man etwas sagen will, zuerst aufstehen und seinen Platz verlassen muss, was für schüchterne Kinder schon nicht ganz einfach ist. Die Gegenstände bewegen viele Kinder überdies dazu, der Klasse sehr persönliche emotionale Erlebnisse und Gedanken mitzuteilen, was sie unter anderen Umständen niemals tun würden.

Verse fälschen

Gemeinsam wird ein kurzer Kindervers oder ein Auszählreim aufgesagt. Der Vers wird nun in der Gruppe „gefälscht", indem man Vokale oder Konsonanten verändert, Wörter austauscht, zusätzliche Verszeilen findet, verkürzt usw. Nachdem der verfälschte Vers in der Gruppe kurz geübt wurde, wird er öffentlich vorgetragen.

Das Spiel dient dazu, den Kindern ein positives Gefühl davon zu vermitteln, wie es ist, wenn man zu sich selbst sagen kann: „Ich habe vor allen anderen etwas auswendig aufgesagt."

Mögliche Anschlussaufgaben

- Spielformen variieren
- „Kaufen, kaufen!" und andere Spiele filmen, ansehen, analysieren, dann wiederholen

Gespräche führen

(alle Jahrgangsstufen)

Allzu häufig reduziert sich das Führen von Gesprächen auf Diskussionen, die insbesondere den pädagogisch-erzieherischen Bereich betreffen (Wie verhalte ich mich richtig? Warum darf ich nicht zuschlagen, wenn ich wütend bin? usw.). Solche Gespräche sind wichtig, zweifellos. Sie haben jedoch einen entscheidenden Nachteil: Oft sagen Kinder die Dinge, von denen sie wissen, dass sie gut ankommen, oder gar nur das, „was der Lehrer hören will".

Offene Gesprächs-situationen schaffen

Gesprächssituationen, die frei von solchen Zwängen sind, sollten im Unterricht auch ihren Platz haben. Das „Philosophieren mit Kindern" etwa ist ein Ansatz, der inzwischen weit verbreitet ist. Wer sich davor scheut, kann auf verschiedenen Ebenen kleine Anlässe bzw. Fragen bewusst setzen, um Kinder ins Gespräch zu bringen:

- Warum heißt die Kuh eigentlich Kuh?
- Deine Heimatstadt soll umbenannt werden.
- Warum ist das Meerwasser blau?
- Warum werden fast nur Männer vom Blitz getroffen? (siehe S. 16)
- Manchmal habe ich keine Lust auf Hausaufgaben.
- Warum mir manchmal beim Geschichtenschreiben nichts einfällt.

Auch ein Bild kann zum Gesprächsanlass werden:

© Jörg Müller

Gespräche bedürfen nicht immer des ganzen Plenums; sich zuerst ausführlich in der Gruppe und erst danach gemeinsam zu unterhalten, kann die Intensität des Austausches befördern.

Mögliche Anschlussaufgaben
- Bei Fragen, die sich im Gespräch nicht so einfach beantworten lassen, liegt die Anschlussaufgabe auf der Hand: Recherchiere – mache dich kundig, erkläre!
- Kinder stellen sie interessierende Fragen, bringen selbst Bilder, Zeitungsausschnitte, witzige Werbung usw. mit, die als Gesprächsanlass dienen können. Solches Material lässt sich gut sammeln und etwa im Sprachförderunterricht einsetzen.

Szenisch spielen – „Der Katzentatzentanz"

(1./2. Jahrgangsstufe)

Das kleine, stabile Pappbilderbuch „Der Katzentatzentanz" von HELME HEINE (Text und Bilder) und FREDRIK VAHLE (Lied) fordert förmlich dazu auf, es nicht „nur" zu lesen, sondern fächerübergreifend damit zu arbeiten.

Zuerst wird der Text vorgelesen (siehe S. 27); schon beim ersten Zuhören merken die Kinder schnell, dass sich eine Zeile wiederholt und auch der Beginn jedes neuen Abschnittes (den Begriff Strophe wird man wohl nur dann aufnehmen, wenn er aus der Klasse kommt) gleich aufgebaut ist; den Refrain sprechen einige gleich mit. Die Einfachheit bewirkt, dass beim zweiten Vorlesen bereits manche Kinder das Gedicht mitsprechen.

In einem zweiten Schritt wird das Lied, das auf einer schlichten Melodie basiert, gemeinsam zur Gitarre gesungen (auch auf CD erhältlich):

Melodie von Fredrik Vahle

Guck, die Kat - ze tanzt al - lein, tanzt und tanzt auf ei - nem Bein.

Kam der I - gel zu der Kat - ze: Bit - te reich mir dei - ne Tat - ze!

Mit dem I - gel tanz ich nicht, ist mir viel zu sta - che - lig.

Und die Kat - ze tanzt al - lein, tanzt und tanzt auf ei - nem Bein.

© Aktive Musik Verlagsgesellschaft mbH, Dortmund (www.aktive-musik.de)

Der Katzentatzentanz

HELME HEINE

Guck, die Katze tanzt allein, tanzt und tanzt auf einem Bein.
Kam der Igel zu der Katze:
„Bitte, reich mir deine Tatze!"
„Mit dem Igel tanz ich nicht,
ist mir viel zu stachelig."
Und die Katze tanzt allein, tanzt und tanzt auf einem Bein.

Kam der Hase zu der Katze:
„Bitte, reich mir deine Tatze!"
„Mit dem Hasen tanz ich nicht,
ist mir viel zu zappelig."
Und die Katze tanzt allein, tanzt und tanzt auf einem Bein.

Kam der Hamster zu der Katze:
„Bitte, reich mir deine Tatze!"
„Mit dem Hamster tanz ich nicht,
ist mir viel zu pummelig."
Und die Katze tanzt allein, tanzt und tanzt auf einem Bein.

Kam der Hofhund zu der Katze:
„Bitte, reich mir deine Tatze!"
„Mit dem Hofhund tanz ich nicht,
denn der bellt so fürchterlich."
Und die Katze tanzt allein, tanzt und tanzt auf einem Bein.

Kam der Kater zu der Katze,
leckte ihr ganz lieb die Tatze,
streichelt sie und küsst sie sacht,
und schon hat sie mitgemacht.
Und dann tanzen sie zu zwein
über Stock und über Stein.
Jede Maus im Mauseloch
ruft: „Ein Glück, sie tanzen noch!"

(Aus: HEINE, H./VAHLE, F. (2003): Der Katzentatzentanz. Beltz & Gelberg in der Verlagsgruppe Beltz: Weinheim/Basel)

Meist genügt zweimaliges Singen und alle Kinder können die Verse auswendig. Damit ist es nun relativ unproblematisch, die Handlung szenisch darstellen zu lassen. Benötigt werden sechs „große" Tiere und einige Mäuse. In drei Durchgängen kann also jedes Kind der Klasse (mindestens) eine Rolle übernehmen. Gemeinsam werden die Bühne (beispielsweise Maushöhle aus Tischen und Decken) und die (schlichte) Verkleidung der Tiere vorbereitet. Jede Spielgruppe probt nun einmal zum Lied; die Spieler übernehmen (sprechen bzw. singen) dabei die Teile in direkter Rede, die anderen singen den Refrain und die Einleitung jeder Strophe („Kam der ... zu der Katze."). Es folgt die Aufführung.

Abschließend bekommen die Schüler den Text, erlesen ihn noch einmal still und malen zu jeder Strophe. Die Blätter werden zusammen mit dem Buch ausgelegt oder aufgehängt.

Mögliche Anschlussaufgaben
- die Aufführungen mit Handy- oder Digitalkamera filmen (Medienkompetenz!)
- szenisches Spiel vor Publikum: Nachbarklassen, Eltern, Schulfest

Über das eigene Lernen sprechen
(alle Jahrgangsstufen)

Standardbezug

Sprechen und Zuhören
über Lernen sprechen
- Beobachtungen wiedergeben,
- Sachverhalte beschreiben,
- Begründungen und Erklärungen geben,
- Lernergebnisse präsentieren und dabei Fachbegriffe benutzen,
- über Lernerfahrungen sprechen und andere in ihren Lernprozessen unterstützen.

Jeder Mensch lernt aufgrund seiner Erfahrungen, seines Wissens und Könnens, seiner Lernmuster, seiner emotionalen Verfasstheit, seiner je individuell ausgeprägten Informationsaufnahme- und Assoziationsfähigkeiten. Über Lernen zu sprechen ist aus lernpsychologischer Sicht ein wirksames

Instrument. Das Bewusstmachen von Prozess und Produkt, das Nachdenken über das je eigene Lernen, die aktive Informationsverarbeitung, die Wertung der eigenen Leistung und des dafür nötigen Aufwandes konturiert nachfolgende Lernprozesse in hohem Maße.

In vielen Klassen hat es sich inzwischen etabliert, nach besonders intensiven Arbeitseinheiten auf einer Metaebene über das eigene Arbeiten und Lernen nachzudenken. Kinder geben prozessbezogen Auskunft, warum ihnen etwas besonders schwergefallen ist oder mit welcher Strategie sie an die Lösung eines Problems herangegangen sind. Solche Statements sind wichtig, weil sie einen Einblick in das kindliche Denken erlauben, woraus wiederum Schlüsse für weitere Maßnahmen gezogen werden können.

Ähnliches gilt für Produkte von Arbeitsprozessen. Mehr und mehr gehen Lehrer dazu über, regelmäßig diese Ergebnisse bewusst vorstellen zu lassen; dadurch vertiefen Kinder ihre präsentativen und rhetorischen Kompetenzen.

Ein dritter Baustein ist das Arbeiten in Tutorengruppen, mit Helfer- oder Expertensystemen. Andere bei ihren Lernprozessen auf der Grundlage eigener Erfahrungen, eigenen Könnens und Wissens zu unterstützen, entwickelt Wirkungsmacht für alle Beteiligten. Dabei wird zwangsläufig immer über das eigene Lernen gesprochen. Jahrgangskombinierter Unterricht bietet dafür besonders intensive Möglichkeiten.

Wichtig ist aber auch, dass Lehrerinnen und Lehrer Transparenz herstellen. Schüler müssen um den Sinn und Zweck, um die Bedeutsamkeit der Lerninhalte und -stoffe wissen; es muss ihnen klar sein, welches Setting (*advanced organizer*) in der Auseinandersetzung geplant ist, welche Arbeitsmethoden oder -techniken möglicherweise erfolgversprechend sind. Es ist also vorteilhaft, wenn die Lehrenden ebenfalls auf einer Metaebene über geplante Schritte oder Arrangements Auskunft geben, d. h., über Lernen sprechen.

Transparenz bezüglich geplanter Schritte oder Arrangements herstellen

Schreiben

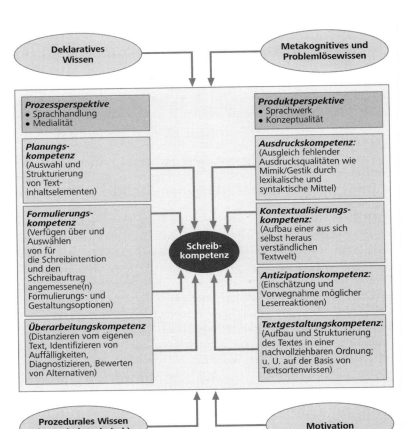

(BAURMANN, JÜRGEN/POHL, THORSTEN, *aus:* BREMERICH-VOS 2009, S. 96)

Schreibkompetenz

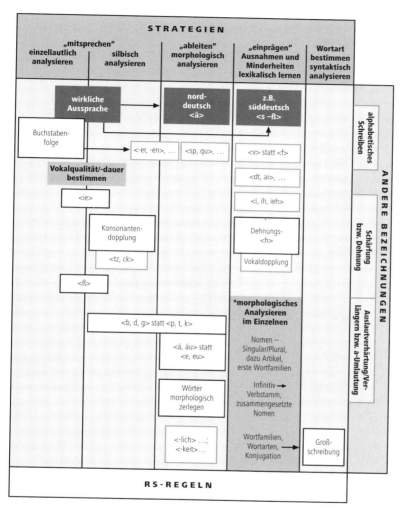

(Naumann, Carl Ludwig/Weinhold, Swantje, aus: Bremerich-Vos 2009, S. 191)

Rechtschreibstrategien, Teilstrategien und Regeln

Im Folgenden einige erläuternde Sätze zur Grafik auf Seite 30 (nach: BAURMANN, JÜRGEN/POHL, THORSTEN, aus: BREMERICH-VOS 2009, S. 94 ff.): Um den inneren Kern der Schreibkompetenz gruppieren sich vier allgemeine kognitive Fähigkeiten, die nicht nur beim Schreiben Grundvoraussetzungen sind. Deutlich getrennt dargestellt werden Schreibprozess (links) und Schreibprodukt (rechts); trotzdem handelt es sich dabei aber um zwei Blickwinkel auf „ein und dasselbe sprachliche Phänomen" (ebd., S. 95). Die Dreiteilung der Prozessperspektive ist analog zu dem, was in den Standards und den Lehrplänen (oft fälschlich als Teil„schritte"; es sind Teil„prozesse", besser Subprozesse) abgebildet wird. Die Produktperspektive geht davon aus, dass die Aspekte, die in der mündlichen Kommunikation wichtig sind, auch „in der schriftlichen Textproduktion besonders virulent werden bzw. einen Autor vor besonders hohe Anforderungen stellen: Die in der Schriftlichkeit fehlenden Ausdrucksmöglichkeiten (unter anderem Mimik und Gestik) müssen mit genuin verbalen Mitteln zurückgewonnen werden" (ebd., S. 96 f.).

Die Abbildung auf Seite 31 versucht, die in der deutschen Rechtschreibung geltenden Regeln systematisch Strategien zuzuordnen; dabei wird eine zeitliche Perspektive mitgedacht, die zumindest in Ansätzen eine Zuordnung auf Jahrgangsstufen erlaubt. „Alle Strategien sind bis zum Ende der Grundschulzeit mehrfach aufzugreifen und weiterzuführen. Über die Spalten hinweg ist also mit gleicher Höhe in der Tabelle keine Gleichzeitigkeit gemeint; aber innerhalb einer Spalte wird die Abfolge der Anfangspunkte abgebildet." (nach: NAUMANN, CARL LUDWIG/WEINHOLD, SWANTJE, aus: BREMERICH-VOS 2009, S. 192)

Texte wie am Fließband schreiben

(2.–4. Jahrgangsstufe)

Standardbezug

Schreiben
Texte verfassen
- Texte planen,
- Texte schreiben,
- Texte überarbeiten.

Geschichten lassen sich in sieben Schritten aufbauen und planen:

Schritt 1: In welcher Zeit spielt die Geschichte?
Schritt 2: An welchem Ort spielt sie (möglichst genaue Angaben)?
Schritt 3: Es geschieht etwas Unerwartetes.
Schritt 4: Was sind die Folgen dieses Geschehens?
Schritt 5: Was ist das Ergebnis davon?
Schritt 6: Wie endet die Geschichte?
Schritt 7: Welche Überschrift passt zur Geschichte?

Hat man die einzelnen Schritte festgelegt, bilden sie das Gerüst der Geschichte, darum herum baut man die Handlung. Dabei können immer neue Einfälle mit einfließen.

Gut geeignet ist das „Schreiben wie am Fließband" für das dialogische Arbeiten: Den Entwurf macht jedes Kind alleine. Dann stellt es ihn einem Partner vor und tauscht sich mit ihm darüber aus. Nun erfolgt die Präsentation im Plenum, das Feedback wird für die Überarbeitung genutzt.

Mögliche Anschlussaufgaben
- Kinder überlegen sich Schritte und geben diese dem Partner bzw. der Klasse vor, z. B.:
  Zeit: Mittelalter
  Ort: ein Schiff auf dem atlantischen Ozean
  Unerwartetes geschieht: Ein seltsames Meerestier taucht auf
  Folgen: großes Durcheinander
  Ergebnis: Ein Plan wird gefasst
  Ende: Bericht beim König, Auszeichnung
  Überschrift: Seltsame Rettung
- Medienerziehung: mit der Klasse eine Audio-CD am PC erstellen

Schreibaufgabe – Das älteste Tier der Welt

(2.–4. Jahrgangsstufe)

Standardbezug

Schreiben
Texte verfassen
- Texte planen,
- Texte schreiben,
- Texte überarbeiten.

Lesen – mit Texten und Medien umgehen
über Leseerfahrungen verfügen
- verschiedene Sorten von Sach- und Gebrauchstexten kennen,
- Informationen in Druck- und – wenn vorhanden – elektronischen Medien suchen.

© dpa

Ihr Name war Tui Malila, sie kam aus Madagaskar. Geboren wurde sie 1773 oder 1777. Der große James Cook schenkte sie dem Herrscher von Tonga. Sie starb 1965. Ihr genaues Alter ließ sich nicht bestimmen. Jedoch: Bei der Übergabe war sie ausgewachsen. Tui Malila wurde mindestens 188 Jahre, vielleicht sogar über 200 Jahre alt.

Der kurze Text lässt eine Reihe von Fragen offen, die die Kinder per Internetrecherche beantworten sollen, z. B.:

- Inwiefern war Tui Malila ein besonderes Tier?
- Wer war James Cook?
- Wo liegt Tonga?
- Was ist 1773/1777/1965 noch alles passiert?
- ...

Bei der zielgenauen Recherche entstehen entweder kurze Texte oder oft auch nur Sätze. Diese Sätze können in einem nächsten Schritt jedoch das Gerüst für eine Geschichte bilden, die eine Episode aus dem Leben Tui Malilas erzählt. Gerade die Frage nach den Protagonisten oder „Was ist 1773/1777/1965 noch alles passiert?" bieten eine Reihe von Anknüpfungspunkten, die genutzt werden können. Kinder, die weniger gern schreiben, haben auf diese Art und Weise, ohne es zu merken, ihre Geschichte schon weit vorbereitet.

Mögliche Anschlussaufgaben
- Verknüpfen der Episoden zu einer „Lebensgeschichte" von Tui Malila
- Recherche nach weiteren „Weltrekord-Tieren" als Ausgangspunkt für neue Geschichten
- Zeitung mit Texten zu „Weltrekord-Tieren" am PC erstellen

Movics – „Chicken Run"
(alle Jahrgangsstufen)

Standardbezug

Schreiben
Texte verfassen
- Texte planen,
- Texte schreiben,
- Texte überarbeiten.

Lesen – mit Texten und Medien umgehen
Texte erschließen
- eigene Gedanken zu Texten entwickeln, zu Texten Stellung nehmen und mit anderen über Texte sprechen,
- handelnd mit Texten umgehen: z. B. illustrieren, inszenieren, umgestalten, collagieren.

Wie literarische Texte können auch filmische Texte zum Schreiben anregen. Eine interessante Möglichkeit sind diesbezüglich sogenannte Movics (vgl. Der Spiegel 7/2001), eine Begriffsneubildung aus *movie* und *comic*. In einem Movic werden ganze Filme Szene für Szene in Einzelbildern abgedruckt und mit den Originaldialogen unterlegt.

Ähnliches bietet sich für den Unterricht an, nur geht es dabei nicht um simple Reproduktion von bereits Vorhandenem. Entweder laden sich die Schüler Filmbilder (sogenannte *movie stills*) aus dem Internet herunter (unter www.imdb.com findet sich neben einer Fülle von Informationen auch eine immense Anzahl von Bildern zu jedem nur denkbaren Film) oder stellen selbst Screenshots her (vgl. dazu das Modell zu „Shaun, das Schaf", S. 12 ff.). Die Kinder wählen sechs bis zehn Bilder aus, die sie in eine vorbereitete Tabellen-Datei laden (siehe auf der folgenden Seite die Kopiervorlage zum Film „Chicken Run"). Diese wird ausgedruckt, und es wird handschriftlich dazu ein Text entworfen, geschrieben und überarbeitet.

Während des Arbeitsprozesses kann Hochinteressantes beobachtet werden: Steuern erste textplanerische Entwürfe bzw. Prätexte die Art und Reihenfolge der gewählten Bilder? Oder läuft es andersherum: Setzen die Bilder die steuernden Impulse, aus denen sich die Geschichte entwickelt? Wie dekodieren die Kinder die im isolierten Bild festgehaltenen filmsprachlichen Mittel, um einen dazu passenden Text schreiben zu können? Oder werden diese gar nicht berücksichtigt?

Mögliche Anschlussaufgabe

- Gemäß dem Prinzip der Irritation bei kreativen Schreibverfahren Screenshots aus verschiedenen Filmen zu einem Movic zusammenstellen: Wie können diese durch einen Text miteinander verknüpft werden?

(Aus: Chicken Run, UK 2000, © Tobis Film GmbH)

Produktives Verfahren mit Lyrik – „Regenbogen"

(2.–4. Jahrgangsstufe)

Standardbezug

Schreiben
Texte verfassen
- Texte planen,
- Texte schreiben,
- Texte überarbeiten.

Lesen – mit Texten und Medien umgehen
über Leseerfahrungen verfügen
- Erzähltexte, lyrische und szenische Texte kennen und unterscheiden,
- Kinderliteratur kennen: Werke, Autoren und Autorinnen, Figuren, Handlungen.

Texte erschließen
- Texte genau lesen,
- zentrale Aussagen eines Textes erfassen und wiedergeben,
- eigene Gedanken zu Texten entwickeln, zu Texten Stellung nehmen und mit anderen über Texte sprechen,
- bei der Beschäftigung mit literarischen Texten Sensibilität und Verständnis für Gedanken und Gefühle und zwischenmenschliche Beziehungen zeigen.

Im Gedicht „Regenbogen", siehe Kopiervorlage auf Seite 41, thematisiert HEIKE ELLERMANN die Kreativität und künstlerische Ausdrucksfähigkeit von Kindern – nicht verklärend, sondern verknüpft mit einer Erfahrung, die Kinder in dieser oder ähnlicher Form im Umgang mit Erwachsenen daheim oder in der Schule oft machen: Der Erwachsene stülpt den kindlichen Fantasien seine Vorstellungen, die sich an seiner vorgeblich objektiven Wirklichkeit orientieren, korrigierend über.

Exakt dagegen geht ein handlungs- und produktionsorientierter Literaturunterricht an, der im Kern darauf setzt, dass jeder Leser das Gelesene individuell kreativ verarbeitet.

Durch produktive Verfahren emotionale und imaginäre Fähigkeiten fördern

Produktive Verfahren zielen (auch) auf die Förderung emotionaler und imaginativer Fähigkeiten. Das in vier Einheiten mit je vier zweizeiligen Strophen gegliederte Gedicht legt folgendes Vorgehen nach klassischen Methoden nahe: Zum einen sollen ausgelassene Wörter gemäß dem individuellen Textverständnis eingesetzt werden; zum anderen sollen bei der zweiten bis vierten Einheit die durch den Text evozierten inneren Bilder in Zeichnungen umgesetzt werden. Zur ersten Einheit ist das Bild aus dem Originalbuch vorgegeben. Dort finden sich auch noch drei weitere Bilder, in denen HEIKE ELLERMANN eine Verbindung von Text und unmittelbar illustrierender bildlicher Gestaltung vornimmt, wobei die Bildebene deutlich dominiert.

Lücken (gaps) können nicht an beliebigen Stellen gesetzt werden – ein Missverständnis, das den produktiven Verfahren in der Diskussion geschadet hat und noch schadet –, sondern müssen gut bedacht sein; in diesem Beispiel geht es vor allem um das Textverstehen. Es ist daher sinnvoll, folgende Wörter auszulassen:

- „jemand" (Z. 9 und 21): Damit ist zunächst, wie es der Text ja intendiert, offengelassen, um wen genau es sich handelt. Die Kinder füllen diese Auslassung meist aufgrund individueller Erfahrungen („der Lehrer", „die Mama", „der Opa"), die sie später in der Phase der Präsentation auch immer wieder erzählen.
- „Zwei" (Z. 11), „blaue" (Z. 12), „Kopf" (Z. 13): Diese Wörter gehören zum Kreis der Dinge, die aus der Erwachsenenperspektive auf Mäxchens Bild falsch sind, weil sie nicht der Wirklichkeit entsprechen; der Gegensatz zwischen der kindlichen Perspektive und der des Erwachsenen kulminiert in den Z. 23/24: „Er sagt: ‚Mein Kind, so muss es sein. / Das siehst du ja wohl selber ein!'" Weggelassen wird das in diesem Kontext stark wirkende „muss".
- In der letzten Strophe werden die Zeilen 29 und 30 bis auf die zwei ersten Wörter ganz weggelassen; sie entsprechen den Zeilen 3 und 4 und sind ein kohäsives Element innerhalb des Textes. Zu erkennen, dass hier die Zeilen 3 und 4 wiederholt werden, erfordert von den Schülern eine kognitive Leistung – ein Beispiel dafür, dass produktive Verfahren im Umgang mit Texten eben nicht „nur Spielerei" sind.

Zu Beginn wird die erste Seite des Gedichts aus dem Originalbuch via Beamer oder Farbfolie präsentiert:

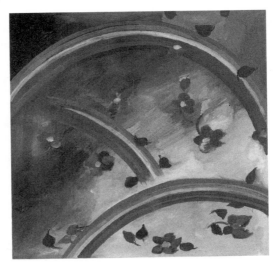

HEIKE ELLERMANN **Regenbogen**

Drei Regenbogen leuchten hier
auf Mäxchens Zeichenblockpapier.

Der Himmel ist halb gelb, halb blau,
ein bisschen schwarz, ein bisschen grau.

Blaue Blätter, rote Stiele,
Blüten – ja, wer weiß wie viele?

Der Pinsel wirbelt übers Blatt,
bis Mäxchen alles fertig hat.

(Aus: GELBERG, H.-J. (Hrsg.) (1988): Die Erde ist mein Haus.
Beltz & Gelberg in der Verlagsgruppe Beltz: Weinheim/Basel, S. 19)

Das hat nicht nur einen methodischen Grund; in den beiden Anfangsversen ist auf der Textebene explizit ein Verweis auf das erste Bild formuliert: „Drei Regenbogen leuchten hier / Auf Mäxchens Zeichenblockpapier."

Nach spontanen Ausführungen und antizipierenden Mutmaßungen der Kinder, die sich zuerst oft nur auf das Bild beziehen, wird die erste Gedichteinheit genau gelesen. Damit die Schüler die Auslassungen im Folgenden nicht beliebig füllen, ist es empfehlenswert, differenzierend zu arbeiten, denn der Gehalt des Gedichtes erschließt sich nicht allen Kindern unmittel-

Regenbogen
HEIKE ELLERMANN

1   Drei Regenbogen leuchten hier
2   auf Mäxchens Zeichenblockpapier.

3   Der Himmel ist halb gelb, halb blau,
4   ein bisschen schwarz, ein bisschen grau.

5   Blaue Blätter, rote Stiele,
6   Blüten – ja, wer weiß wie viele?

7   Der Pinsel wirbelt übers Blatt,
8   bis Mäxchen alles fertig hat.

9   Da kommt _____ von hinten ran,
10   guckt sich das Bild kopfschüttelnd an.

11   „_____ Regenbogen müssen weg!
12   Und _____ Blätter? Ach du Schreck!

13   Die Blumen stehn ja auf dem _____!"
14   Er taucht den Pinsel in den Topf

15   und malt den ganzen Himmel blau.
16   Sehr gleichmäßig und sehr genau.

17   Oben drüber, rund gebogen.
18   setzt er einen Regenbogen.

19   Drei Blumen, rot und stolz geraten,
20   die stehn jetzt grad wie die Soldaten.

21   Der _____ malt sie auf den Rand
22   und legt den Pinsel aus der Hand.

23   Er sagt: „Mein Kind, so _____ es sein.
24   Das siehst du ja wohl selber ein!"

25   Max läuft nach Haus im Dauerlauf,
26   denn es zieht ein Gewitter auf.

27   Ihm fliegen Blätter ins Gesicht.
28   Sie schimmern blau bei diesem Licht.

29   Der Himmel _____,
30   _____.

31   Und dort, im Sonnenschein, im feuchten, sieht
32   Max zwei Regenbogen leuchten.

(Aus: GELBERG, H.-J. (Hrsg.) (1988): Die Erde ist mein Haus.
Beltz & Gelberg in der Verlagsgruppe Beltz: Weinheim/Basel, S. 19–22)

bar. Dazu erhalten die Kinder das Textblatt (siehe S. 41) mit Zeilenlineal und den Auftrag, zunächst alleine oder mit Partner die Auslassungen im Gedicht zu füllen und erst dann zu den Strophen passende Bilder zu zeichnen.

Die Kinder wollen und sollen auch das Originalgedicht hören. Ein Lehrervortrag, visuell unterstützt durch die vier auf Folie kopierten Originalabbildungen, bildet den Abschluss. Und weil ein auf vielschichtiges und vielsinniges Erleben ausgerichteter Umgang mit Literatur einen wesentlichen Beitrag zur Leseförderung leistet, sollte das schöne Buch mit dem im Vergleich zur Folie natürlich wesentlich besseren (Ein-)Druck anschließend und in freien Lesezeiten für die Kinder verfügbar sein.

Mögliche Anschlussaufgaben
- Recherche nach weiteren Texten von HEIKE ELLERMANN
- Schreibaufgaben für die Mitschüler generieren (Schreibaufgabenkartei): begründete Auslassungen bei Gedichten finden

Schreibaufgaben – Lebensweltbezug und Reflexivität
(alle Jahrgangsstufen)

Standardbezug

Schreiben
über Schreibfertigkeiten verfügen
richtig schreiben
Texte verfassen
- Texte planen,
- Texte schreiben,
- Texte überarbeiten.

Eine Schreibaufgabe wird, abgesehen von solchen, die die Fantasie und Kreativität der Kinder anregen, nur dann als echte Aufgabe wahrgenommen, wenn sie in irgendeiner Form Bezug zum Leben der Kinder hat. Gute Schreibaufgaben verzichten bewusst darauf, gängige Sprachmuster und triviale Klischees abzurufen oder gar dazu zu verleiten, den Stereotyp eines Aufsatzes („Mein schönstes Ferienerlebnis") abzuliefern. Vielmehr fordern sie entweder Vorstellungskraft und Erfindungsreichtum heraus oder erlauben authentische Texte:

- Ein Ort, an dem es mir gar nicht gefallen hat
- Wie ich mir meine Lehrerin wünsche
- Was Katzen und Verkehrsampeln miteinander zu tun haben
- …

Das Schreiben als Lernmedium dient zudem der Selbst- und Weltreflexion ("Warum heißt die Kuh eigentlich Kuh?") und ist eine herausragende Möglichkeit der Identitäts- und Persönlichkeitsentwicklung. Schülerinnen und Schüler sollten auch immer wieder über das eigene Lernen und Schreiben nachdenken (Metakognition; siehe S. 28 f.: "Über das eigene Lernen sprechen"). Nur so erkennen sie, wie sie schreiben, welche Stärken und Schwächen sie haben sowie warum sie manchmal erfolgreich und motiviert sind und manchmal keine Lust haben und scheitern:

Schreiben als Möglichkeit der Selbst- und Weltreflexion unterstützt die Identitäts- und Persönlichkeitsentwicklung

- Wie die Dinosaurier ausgestorben sind
- Warum funkeln die Sterne?
- So schreibe ich eine Geschichte
- Warum ich manchmal keine Idee habe
- …

Schreibaufgabe – "Das Tor zum geheimnisvollen Garten"

(alle Jahrgangsstufen)

Standardbezug

Schreiben
über Schreibfertigkeiten verfügen
richtig schreiben
Texte verfassen
- Texte planen,
- Texte schreiben,
- Texte überarbeiten.

Einer der drei Aspekte des kreativen Schreibens – neben Irritation und Expression vielleicht der wichtigste, weil er in die Literaturdidaktik hineinragt – ist die Imagination. Imagination, d. h. Vorstellungskraft ausgelöst durch besondere Arrangements (das ist der Unterschied zwischen Imagina-

Imagination als wichtiger Aspekt kreativen Schreibens

Zu einem Bild schreiben

Das Tor zum geheimnisvollen Garten

Endlich Ferien, Zeit für Abenteuer! Gut gelaunt fuhr ich mit meinem Rad durch die Stadt. Plötzlich kam ich an ein Tor, das mir vorher nie aufgefallen war.

_____

_____

_____

_____

_____

_____

_____

_____

_____

_____

_____

_____

_____

_____

_____

_____

_____

_____

tion und Fantasie), bringt Kinder oft erstaunlich leicht zum Schreiben, gerade auch diejenigen, die sich mit herkömmlichen schulischen Themen schwertun.

Die Schreibaufgabe hat ein Bild zum Ausgangspunkt – ganz klassisch. Sie verknüpft zudem einen buchstäblich seit Jahrhunderten gebräuchlichen Topos fantastischer Literatur mit dem Schreiben: das Tor zu einer anderen Welt. Man durchschreitet es und taucht von einer Sekunde auf die andere aus der realen in die irreale Welt ein. (Die Art und Weise, wie dieser Schritt ausgestaltet ist, kann dann übrigens ein Zugriff sein, wenn es darum geht, den Schülertext zu bewerten und zu beurteilen.)

Die Aufgabe selbst bedarf ansonsten nicht allzu vieler Vorbereitungen und Erklärungen: Schreibblatt, Überschrift und Anfangssätze, die den Einstieg in die Geschichte erleichtern sollen (sie können natürlich auch weggelassen werden), genügen vollauf.

Mögliche Anschlussaufgaben

- Kinder sammeln – als vorbereitende Hausaufgabe – weitere Bilder von Türen, Toren, Durchgängen; sie können dann auch gleich dazu schreiben.
- Verbindung zum Literaturunterricht (Klassiker: Alice im Wunderland usw.) und zum Kunstunterricht herstellen
- aus den gesammelten Abbildungen von Durchgängen, die in eine andere Welt führen könnten, eine Ausstellung konzipieren

Texte überarbeiten – Textlupe
(alle Jahrgangsstufen)

Standardbezug

Schreiben
Texte verfassen
Texte überarbeiten
- Texte an der Schreibaufgabe überprüfen,
- Texte auf Verständlichkeit und Wirkung überprüfen,
- Texte in Bezug auf die äußere und sprachliche Gestaltung und auf die sprachliche Richtigkeit hin optimieren,
- Texte für die Veröffentlichung aufbereiten und dabei auch die Schrift gestalten.

Das Überarbeiten ist für den Schreibprozess konstitutiv. Die Möglichkeit, einen Text noch überarbeiten zu können, ist ein Vorteil des Schreibens gegenüber dem Sprechen. Überarbeiten meint mindestens dreierlei: das Überarbeiten des Prätextes im Kopf, das redigierende Überarbeiten während des Schreibprozesses, das Überarbeiten des „fertigen" Textes.

Allzu lange wurde in der Schule (vor allem beim sogenannten „Probeaufsatz") so getan, als könne man einen Text in einem Zug inhaltlich, stilistisch, rechtschriftlich, leserorientiert usw. fehler- und tadellos schreiben. Ein Blick in die Literatur zeigt dagegen, wie sehr auch Autorinnen und Autoren von Weltrang als Schreibprofis mit ihren Texten ringen, oft jahrzehntelang.

Die Fähigkeit, den eigenen Text zu überarbeiten, ist auch am Ende der Schulzeit noch nicht voll entwickelt; werden Texte von Schülern überarbeitet, so dürfen die Erwartungen also nicht zu hoch angesetzt werden: Nach einem Durchgang sind sie nicht unbedingt deutlich „besser". Für die schulische Praxis ist es wichtig, dass zwischen dem Erstentwurf und der bewussten Überarbeitung ein zeitlicher Abstand liegt; nur so gewinnen wir Distanz zum Geschriebenen. (Das merkt man als Erwachsener insbesondere, wenn man sich Texte, die man vor Jahren geschrieben und damals für gut befunden hat, wieder durchliest – nicht immer eine angenehme Erfahrung.)

Für das Überarbeiten von Texten ist die Methode „Textlupe" eine gute Möglichkeit. Auch professionelle Schreiber können meist nicht alles auf einmal überarbeiten. Die Textlupe lenkt Blick und Aufmerksamkeit auf ganz bestimmte Dinge, die zu verbessern sind. Damit behalten alle – Kinder und Lehrer – die Übersicht und verzetteln sich nicht. Ein Problem ist: Man ist stets versucht, die Oberfläche zu polieren, sprich, man bleibt auf der Ebene der Berichtigung von rechtschriftlichen oder stilistischen Mängeln stehen, übersieht aber den (wesentlich wichtigeren) Überarbeitungsbedarf in der Tektonik, Kohärenz (sinnvoller Textzusammenhang) und Kohäsion (semantisch-syntaktische Verknüpftheit von Sätzen), in Personenkonstellationen, logischen Fehlern usw.

Zu erwähnen ist, dass die Textlupe bei jedem Kind und jedem Text anders aussieht. Während es bei einem bestimmten Kind mit Blick auf die vorhandenen Kompetenzen und die Leistungsfähigkeit hinreichend ist, dass einige Sätze umgestellt werden, können andere tief in den Plot einer Geschichte eintauchende Überarbeitungsaufträge bekommen.

Übungsformen für das Überarbeiten:
- laut lesen: Veränderungen setzen Distanz zum eigenen Text voraus, durch das Vorlesenlassen wird dies verstärkt,

- sich über das Textverständnis austauschen,
- gemeinsames Überarbeiten: mehr Einfälle und Möglichkeiten, den Text zu verändern, mehr Erfolg, da sprachliche Erfahrungen gesammelt werden, usw.,
- den Umgang mit Sprachproben üben: Klang-, Ersatz-, Erweiterungs-, Weglass- und Umformungsprobe; das befördert die Einsicht, dass und wie Wörter, Sätze und Abschnitte während des Schreibprozesses verändert werden können.

In der Grundschule kann gearbeitet werden
- auf der Wortebene: Wörter rechtschriftlich korrigieren, mit dem Wörterbuch Synonyme finden, Wiederholungen tilgen, doppelte Wörter streichen usw.
- auf der Satzebene: Korrekturen, Veränderungen und Anpassungen bei Interpunktion, Syntax und Lexik; Sätze umstellen, um Einförmigkeit zu vermeiden (nur die Satzanfänge auszutauschen – eine weitverbreitete Praxis – hilft da übrigens kaum!), usw.
- auf der Textebene: verändern von Absätzen und Passagen, logische Fehler beheben, Kohäsion und Kohärenz überdenken usw.

Am Ende des Überarbeitungsprozesses sollte oftmals die Veröffentlichung des Textes stehen; das Überarbeiten kann sich auch darauf beziehen, den Text dafür durch entsprechende Gestaltung vorzubereiten.

Richtigschreiben – Sich impliziter Strategien bewusstwerden I

(alle Jahrgangsstufen)

Standardbezug

Schreiben
richtig schreiben
- Rechtschreibstrategien verwenden: Mitsprechen, Ableiten, Einprägen,
- über Fehlersensibilität und Rechtschreibgespür verfügen.

Fehler im Richtigschreiben sind nicht als Mangel allgemeiner sprachlicher Fähigkeiten und/oder Intelligenz deutbar. Vielmehr weisen Fehlschreibungen auf kognitive Prozesse beim Kind hin, die erklären können, warum es diesen Fehler macht; entsprechend kann dann interveniert werden.

Ein gutes Beispiel ist das folgende:

Selbstverständlich weiß Rebecca ganz genau, wie man ihren Namen schreibt, hat das auch schon hundertfach getan. Und doch: Sie schreibt ihn falsch – ein Ergebnis der Übergeneralisierung bei der Auslautschreibung.

Richtig zu schreiben ist vor allem für das Kind in seiner Rolle als Schüler wichtig, denn das

- gewährleistet Kommunikation,
- erzeugt Schreibmotivation,
- verhindert Misserfolgserlebnisse,
- vermittelt grundständige Sicherheit.

Will man Rechtschreibkompetenzen nachhaltig individuell fördern, bedarf es in allen Fächern diesbezüglich angemessener und vor allem kontinuierlicher Aufmerksamkeit. In der Schule geht es insbesondere um

- orthografisches Grundwissen (Kenntnis grundlegender Prinzipien),
- flexibles Anwenden von Strategien, die zur Richtigschreibung führen,
- das flexible Anwenden von Operationen (Vergleichen, Klassifizieren, Abstrahieren, Verallgemeinern, Anwenden, Transferieren) und
- selbstständige Orientierung im Wörterbuch und Regelverzeichnis.

Hält man sich vor Augen, dass die 2.000 häufigsten deutschen Wörter in der Grundschule etwa 94 Prozent des benötigten Wortschatzes abdecken, wird deutlich, wie wenig sinnvoll es ist, sich schwerpunktmäßig mit Rechtschreibbesonderheiten und schwierigen Fällen abzumühen.

Der neue Blick auf Fehler

Nötig ist im Bereich Richtigschreiben außerdem Toleranz (der sogenannte neue Blick auf den Fehler): Wer gern schreibt und wegen der Richtigschreibung nicht ständig kritisiert wird, hat mehr Chancen, ein sicherer Rechtschreiber zu werden, als der, dessen Schreibmotivation infolge von Rigidität im Korrekturverhalten gestört wird. Bei der Durchsicht von Schülertexten legen Lehrerinnen und Lehrer immer noch (ausschließlich) viel zu viel Wert auf die Richtigschreibung; oft ist es das Erste (und Einzige), was korrigiert wird. Dabei geht es doch um ganz anderes: um den Plot, die Idee, die Figuren, den Stil, Kohäsion und Kohärenz usw. Fehler in der Rechtschreibung lassen sich vom Schüler leicht im Überarbeitungsprozess beheben.

Richtigschreiben – Sich impliziter Strategien bewusstwerden II

(alle Jahrgangsstufen)

> ### Standardbezug
>
> Schreiben
> richtig schreiben
> - Rechtschreibstrategien verwenden: Mitsprechen, Ableiten, Einprägen,
> - über Fehlersensibilität und Rechtschreibgespür verfügen.

Im Bereich Richtigschreiben ist die Vorstellung, Rechtschreibkompetenzen würden sich über das exklusive Behandeln von besonderen Rechtschreibfällen aufbauen, deutlich widerlegt. Es ist vielmehr nötig, das Richtigschreiben als kontinuierliche, sich horizontal durch alle Einheiten und Fächer ziehende Aufgabe zu konzipieren und vor allem das zu sichern, was es in der Schreibung der deutschen Sprache an Selbstverständlichkeiten gibt, also nicht den Blick auf die Ausnahmen zu richten. Solch ein horizontales Konzept beinhaltet, dass die Schüler in sich ergebenden oder arrangierten Situationen angeregt werden müssen, zu einem permanenten Nachdenken über die impliziten Strategien zu gelangen, mit denen sie zu bestimmten, richtigen oder falschen, Schreibungen kommen. So erst werden sie sich ihrer Strategien bewusst, können diese im Einklang mit den Prinzipien der Rechtschreibung korrigieren, ergänzen, erweitern und sind dann in der Lage, diese Strategien auch bewusst auf neue (unbekannte) Wörter bzw. Schreibungen anzuwenden.

Richtigschreiben als kontinuierliche, sich horizontal durch alle Fächer ziehende Aufgabe konzipieren

Ein probates Mittel dafür sind unter anderem frei erfundene Wörter. (Es gibt übrigens in der Wirtschaft einen Trend, neue Firmen oder Produkte mit Fantasienamen, d. h. Neologismen, zu belegen – eine wahre Fundgrube, darüber nachzudenken, warum ausgerechnet diese Verschriftung, neben anderen möglichen, gewählt wurde.) Weil diese Fantasiewörter nicht lexikalisiert sind, wird zum einen das Nachdenken nicht durch semantische

Überlegungen „gestört", zum anderen gibt es keine eindeutigen Lösungen, kein Richtig oder Falsch a priori, sondern eine Vielzahl möglicher Schreibungen, die sich immer auf eine Strategie zurückführen lassen. (Anmerkung: Man kann es werten, wie man möchte, aber die Rechtschreibreform hat ebenfalls das Feld für alternativ mögliche Schreibungen eröffnet; in den Fällen, in denen mehrere Prinzipien miteinander in Konflikt geraten, gibt es „Empfehlungen" für die Schreibung, aber keine Festlegungen.)

„Wie würdest du ... schreiben?" Diese einfache Ausgangsfrage steht am Anfang von kleinen Einheiten zur Richtigschreibung, die, wann immer die Zeit oder Situation es anbieten, das strategieorientierte Nachdenken einleiten. Die Kinder notieren ihre erste, oftmals spontane Version. Die Frage „Könntest du dir noch andere Schreibungen vorstellen?" provoziert die Kinder, andere Strategien auszuprobieren.

Die Vorschläge werden gesammelt, wobei entscheidend ist, dass jedes Kind – und auch der Lehrer, dessen Schreibung ja ebenfalls Einblick in seine Strategie gibt – seinen Vorschlag erklärt; nur so bekommen Lehrkräfte einen Einblick, wie das individuelle Rechtschreib-Denken funktioniert, was für den dringend notwendigen zweiten Schritt, das Bereitstellen von individuellen Fördermaßnahmen, unverzichtbar ist.

Kunstwort	mögliche Schreibungen	mögliche Strategien/ Erläuterungen
Grück	grüg – Grüg grück – Grück grühk – Grühk …	Großschreibung: Verben enden in der Regel nicht auf -ck; -ck im Auslaut (analog zu *Glück*); ohne bezeichnete Dehnung, weil Langvokale mehrheitlich unbezeichnet sind …
bragen	brahgen – Brahgen – braagen – Braagen – Bragen …	-en als Signal für Verben, daher Kleinschreibung; analog zu *fragen, tragen* oder *die Wagen, die Waagen* …
drühl	Drühl – drül – Drül – Drüll – drüll …	Kleinschreibung und bezeichnete Dehnung wegen Analogie zu *kühl*; vom Sprachgefühl her steigerbar; unbezeichnet wegen Regelhaftigkeit; Großschreibung und Verdopplung eventuell wegen *Grill, Drill* …
ul	Ul – ull – Ull – uhl – Uhl …	Sprachgefühl: Konjunktion oder Präposition; Analogie zu *Null* oder *Stuhl* …

Vorschläge für zu besprechende Fantasiewörter sind außerdem: fillen, Sprelling, tülen, gitz, Grischmaum, spuchen, Daat, gielfen, früstig, schmar, sellich, Facht, teifen, lott.

Mögliche Anschlussaufgaben

- Die Kinder überlegen sich Wörter und deren (mögliche) Schreibung, diktieren die Wörter und stellen sie abwechselnd der Klasse vor. Entscheidend ist, dass die Begründungen für eine bestimmte Schreibweise erklärt werden.
- Ebenfalls abwechselnd protokollieren die Kinder die Begründungen; durch das Schreiben vergegenwärtigen sie sich die Strategien noch einmal auf einer anderen Ebene (heuristisches Schreiben).

Mitsprechen – Ableiten – Einprägen
(3./4. Jahrgangsstufe)

Standardbezug

Schreiben
richtig schreiben
- Rechtschreibstrategien verwenden: Mitsprechen, Ableiten, Einprägen,
- über Fehlersensibilität und Rechtschreibgespür verfügen.

In drei Schritten können Kinder selbstständig erfahren bzw. überprüfen, inwieweit sich die drei Gruppen der Mitsprech-, Ableit-/Nachdenk- und Einpräg-/Merkwörter unterscheiden. Dazu erhalten sie Aufgabenstellungen und während oder nach deren Bearbeitung die zugehörigen Sachinformationen. Die Lösungen werden separat im Raum platziert.

Schritt 1

Aufgabe

Sprich jedes der folgenden Wörter überdeutlich und in Silben. Schreibe es dann auf.

rot – die Tante – bewegen – die Ente – die Nase – gut – rufen – die Hose – sagen – rennen

Was fällt dir auf?

Lösung

Jedem Laut entspricht genau ein eindeutiger Buchstabe. Wenn ich die Wörter in Silben zerlegt spreche, höre ich sogar den doppelten Mitlaut, etwa bei *ren-nen.*

Sachinformation

Solche Wörter nennt man Mitsprechwörter: Jedem Laut entspricht ein eindeutiger Buchstabe.
Du kannst viele Fehler vermeiden, wenn du die Wörter überdeutlich und in Silben gegliedert sprichst.
Das ist die erste und wichtigste Strategie.

Schritt 2

Aufgabe

Welche Wörter gehören für dich nicht zu den Mitsprechwörtern?

jemand – der Kompass – der Friede – dick – turnen – das Interesse – er fraß – lächerlich – der Winter – das Fett – klar – der Tiger – nichts

Lösung

Nicht zu den Mitsprechwörtern gehören:

jemand – der Kompass – der Friede – dick – das Interesse – er fraß – lächerlich – das Fett – der Tiger – nichts

Sachinformation

Bei vielen Wörtern ist die Zuordnung von Laut und Buchstabe nicht ganz eindeutig. Überdeutliches Sprechen könnte dabei sogar zu Fehlern führen. Für diese Wörter brauchst du andere Strategien.

Sachinformation

Im Deutschen lassen sich bezogen auf die Rechtschreibung grob drei Gruppen von Wörtern unterscheiden:

Mitsprechwörter	Diese Wörter werden lautgetreu geschrieben. „Ich schreibe, was ich höre."	*Ast, Blume, Minute, Hose*
Nachdenkwörter/ Ableitwörter	Wörter mit rechtschriftlichen Regelhaftigkeiten. Das sind Wörter, deren Schreibung man durch das Anwenden von Strategien herausfinden kann.	*er fellt* oder *er fällt*? → Grundform *fallen*, also *er fällt* *ich fahre* oder *ich fare*? → Grundform *fahren* schreibt man mit *ah*, also *ich fahre*
Merkwörter/ Einprägewörter	Wörter, deren rechtschriftliche Besonderheit man sich merken muss. (Oft helfen Eselsbrücken.)	*Haare*: Den doppelten Vokal muss ich mir merken.

Durch zunehmende Übung werden Nachdenkwörter zu Mitsprechwörtern. Und Merkwörter werden zu Nachdenkwörtern, je größer das Rechtschreibwissen ist.

Was ein Mitsprech-, ein Nachdenk- oder ein Merkwort ist, kann nicht allgemein gesagt werden. Das ist bei jedem verschieden, weil es auch vom Rechtschreibwissen und Rechtschreibkönnen jedes einzelnen Menschen abhängt.

Schritt 3

Aufgabe

Übertrage die Tabelle auf ein Blatt Papier. Ordne die Wörter den Gruppen zu.

Mitsprechwörter	Nachdenkwörter	Merkwörter

Wälder – Pilz – erklären – Ast – Diskette – viel – verabreden – brannte – dreckig – fliegen – Hose – schreibt – blühen – groß – März – Minute – Haare

Erkläre, warum du die Wörter so zuordnest.

Lösung

Mitsprechwörter:
Ast – Hose – Minute
Ich höre jeden Laut im Wort, und jedem Laut entspricht genau ein Buchstabe.

Nachdenkwörter:
Wälder – Einzahl/Singular *Wald*
erklären – Wortfamilie *klar*
verabreden – Vorsilbe *ver-*
brannte – Grundform *bren-nen*
dreckig – Nachsilbe *-ig*, Verlängerung *dreckige*
fliegen – lang gesprochenes *i* wird in der Regel *ie* geschrieben
schreibt – Grundform *schreiben*
blüht – Grundform *blü-hen* (hier höre ich das *h*)

Merkwörter:
Pilz – Diskette – viel – groß – März – Haare
Diese Wörter haben eine Besonderheit, die ich mir merken muss.
Das sind vor allem Wörter mit:
v/V, doppeltem Vokal, *ß*, *ä* ohne Ableitung

Mögliche Anschlussaufgaben

- Forscherauftrag: Suche in der Zeitung zehn, zwanzig usw. Wörter aus der Gruppe der Mitsprechwörter (o. Ä.).
- Forscherauftrag: Nimm dir einen Absatz im Sportteil der Zeitung vor. Wie viele Mitsprech-, Nachdenk- und Merkwörter findest du?
- Können dir deine Eltern erklären, was mit den Begriffen „Mitsprechwort", „Nachdenkwort" und „Merkwort" gemeint ist? Oder erklärst du es ihnen?

Methodisch sinnvoll abschreiben
(alle Jahrgangsstufen)

Standardbezug

Schreiben
richtig schreiben
- methodisch sinnvoll abschreiben,
- Übungsformen selbstständig nutzen,
- Texte auf orthografische Richtigkeit überprüfen und korrigieren.

Abschreiben ist langweilig und wertlos, eine sinnfreie Arbeitsbeschaffungsmaßnahme. Das ist – zumeist auf Seiten der Kinder – ein Vorurteil, denn richtiges Abschreiben kann tatsächlich die Rechtschreibleistungen verbessern. Ein mögliches Vorgehen wäre:

Gehe beim Abschreiben so vor:

1. Den Satz oder den Teil eines längeren Satzes bewusst lesen.
2. Die Augen schließen, den Satz im Kopf **lesen** und **hören**.
   (Das geht: Du kannst ja auch im Kopf dein Lieblingslied hören, ohne dass es von CD oder im Radio läuft!)
3. Den Satz oder den Teil eines längeren Satzes ganz aufschreiben.
4. Wort für Wort kontrollieren und gegebenenfalls berichtigen.

Übe das Abschreiben regelmäßig. Es funktioniert bei jedem beliebigen Text.

Zwei kindgemäße Übungstexte (nicht gerade für die 1. Jahrgangsstufe):

Traktor-Geknatter

HANS ADOLF HALBEY

Ein Traktor kommt um die Ecke gerattert.
Man kennt ihn gleich, wie er klappert und knattert
und rüttelt und ruckelt
und zittert und knackt
und schüttelt und zuckelt
und stottert im Takt –
bis unter die Brücke zum dicken Bagger
wackelt der Traktor mit taketataka
taketa – taka taketa – pff
take – pff
take – – aus!
Dann geht der Traktorfahrer nach Haus.

(© Prof. Dr. HANS A. HALBEY, Erben)

Wollen

KURT SIGEL

Wenn wir wollten wie wir können
und könnten wie wir wollen
täten wir wollen dass wir wirklich so wollen
wie wir können
dann könnten wir wollen können
oder wollen wollen
wie wir wirklich wollen
wirklich!

(Aus: GELBERG, H.-J. (Hrsg.) (2000): Großer Ozean. Gedichte für alle.
Beltz & Gelberg in der Verlagsgruppe Beltz: Weinheim/Basel)

Diktiertes Aufschreiben
(alle Jahrgangsstufen)

Standardbezug

Schreiben
richtig schreiben
- geübte, rechtschreibwichtige Wörter normgerecht schreiben,
- Rechtschreibstrategien verwenden: Mitsprechen, Ableiten, Einprägen,
- Zeichensetzung beachten: Punkt, Fragezeichen, Ausrufezeichen, Zeichen bei wörtlicher Rede,
- über Fehlersensibilität und Rechtschreibgespür verfügen,
- Rechtschreibhilfen verwenden
  Wörterbuch nutzen,
  Rechtschreibhilfen des Computers kritisch nutzen,
- Arbeitstechniken nutzen
  methodisch sinnvoll abschreiben,
  Übungsformen selbstständig nutzen,
  Texte auf orthografische Richtigkeit überprüfen und korrigieren.

Blickt man in die Lehrpläne der Länder und auch in die Standard-Festlegungen der KMK, stößt man nicht oder kaum noch auf den Begriff „Diktat". Das ist sachlogisch, gehen wir doch beim Richtigschreiben inzwischen zum einen von ganz anderen Prämissen (Rechtschreibkompetenz bedeutet, implizites Wissen und explizite Strategien anzuwenden) aus, zum anderen war eingestandenermaßen immer schon klar, dass es unsinnig ist, das Diktat als alleiniges Instrument zur Messung der Rechtschreibkompetenz einzusetzen. (Dass es sich trotzdem in so vielen Klassenzimmern derart hartnäckig hält, mag völlig anders gelagerte Gründe haben.)

In der klassischen Diktiersituation wird zwar auch Rechtschreibkompetenz überprüft, aber in weit geringerem Maße, als wir das gerne hätten. Zu viele andere Variable spielen eine Rolle, die eher „überprüft" werden:

- Hör- und Verstehfähigkeit (man denke an die Aussprache mancher Lehrerinnen und Lehrer),
- Konzentration,
- Merkfähigkeit,
- Arbeitsgeschwindigkeit/Schreibtempo,
- Ausdauer.

Das Instrument „diktiertes Aufschreiben" sollte aber nicht vollkommen aus der Hand gegeben werden. Allein die Veränderung der Situation (lockere Arbeitsatmosphäre: „Nimm schnell ein Blatt, ich diktiere dir mal ein paar Mitsprechwörter/ein paar Sätze!", „Kannst du denn das Wort ‚Turmfalke' schreiben?") oder des Settings (Eigendiktat, der Partner diktiert und es wird gemeinsam kontrolliert, Diktate aus der Dose, Fehlertexte korrigieren, Analogiebildung usw.) ist schon hilfreich. (Übrigens: Erstklässler, die nicht warten müssen, bis endlich an Weihnachten oder noch später alle Buchstaben eingeführt sind und geschrieben werden dürfen, können das vermeintlich schwierige und wenig geläufige Wort „Turmfalke" nach wenigen Tagen bzw. Wochen schreiben; die Begründung liegt auf der Hand.)

Grundsätze diktierten Aufschreibens

Weitgehend einig sind sich alle, dass beim diktierten Aufschreiben folgende Grundsätze zu beachten sind:

- Kurz und knackig statt lang und vertrackt; lieber mehrmals situationsbezogen und ohne großen Aufwand ein paar Wörter bzw. Sätze diktieren (lassen).
- Keine Häufung von Fehlerschwerpunkten oder besonderen Fällen (ss/ß/s); damit wird eher Wissen als Können geprüft.
- Ungeübte Texte schreiben lassen; intensiv geübte Texte, die unverändert diktiert werden, überprüfen auswendig Gelerntes, keine Rechtschreibkompetenzen.
- Wie bei jedem Schreibprozess gehört das Überarbeiten auch zum Diktat; erst hier können Kinder ganz bewusst und explizit ihre Strategien überprüfen und anwenden.
- Wörterbücher und Nachschlagewerke verwenden lassen; was vergibt man sich dabei, das tun selbst versierte Rechtschreiber? Zudem ist das Nachschlagen-Können ebenfalls als Kompetenz gefordert.

Mögliche Anschlussaufgabe
- Nimmt man ernst, was die Standards festlegen, ergeben sich durchaus spannende, Kinder motivierende Möglichkeiten im Richtigschreiben. Einige Ideen nennt der obige Erläuterungstext.

Lesen – mit Texten und Medien umgehen

Ebenen des Lesens

(*Aus:* ROSEBROCK/NIX *2008, S. 16*)

Lesen besteht aus drei verschiedenen Dimensionen, die bei der Formulierung der Standards für den Bereich „Lesen – mit Texten und Medien umgehen" berücksichtigt wurden:

Auf der Prozessebene müssen die verschiedenen Leistungen während des Lesens gleichzeitig, d. h. simultan, erbracht werden. Diese Leistungen bauen aufeinander auf, die Stufe „Wort- und Satzidentifikation" ist etwa Voraussetzung, um lokale Kohärenzen (semantische Beziehungen) verstehen zu können.

Auf der Subjektebene finden sich für das Lesen unverzichtbare Prozessleistungen („Engagement"), die jeder Leser unabdingbar erbringen muss; hierin liegt ein didaktisch-pädagogischer Auftrag, auch der Schule.

Die soziale Ebene nimmt zum einen den anregenden, weitertragenden Austausch über das Gelesene in den Blick, bezieht sich zum anderen aber auch auf das, was als „Lesevorbilder" im sozialen Umfeld bezeichnet werden kann.

Seltsame Buchstaben

(alle Jahrgangsstufen)

Standardbezug

Schreiben
Texte verfassen
- Texte planen,
- Texte schreiben,
- Texte überarbeiten.

Lesen – mit Texten und Medien umgehen
über Leseerfahrungen verfügen
- Erzähltexte, lyrische und szenische Texte kennen und unterscheiden,
- Kinderliteratur kennen: Werke, Autoren und Autorinnen, Figuren, Handlungen.

Texte erschließen
- Texte genau lesen,
- zentrale Aussagen eines Textes erfassen und wiedergeben,
- eigene Gedanken zu Texten entwickeln, zu Texten Stellung nehmen und mit anderen über Texte sprechen,
- bei der Beschäftigung mit literarischen Texten Sensibilität und Verständnis für Gedanken und Gefühle und zwischenmenschliche Beziehungen zeigen.

In der Schule erwerben Kinder die Schriftsprache lesend und schreibend in der Regel zuerst auf der Grundlage einer Druckschrift, die später durch eine Schreibschrift ergänzt wird. Das Aussehen beider Schriften gibt der Lehrplan des jeweiligen Bundeslandes vor.

Durch Bücher, Plakate, Logos, Spielzeug- und Nahrungsmittelverpackungen, Zeitschriften, CDs, Computerprogramme usw. werden die sich zunehmend die Welt erlesenden Kinder jedoch tagtäglich mit einer Menge unterschiedlicher Schriften konfrontiert: serifenbehaftete und serifenlose Druck- und Schreibschriften in verschiedenen Schriftarten (fett, kursiv, recte), -größen und -effekten (outline, schattiert, Kapitälchen usw.). Bei allen sehen die Buchstaben jeweils völlig anders aus als in der Anlauttabelle bzw. dem Lesebuch. Beim Erlesen dieser ungewohnten Schriften vergleicht der Leseanfänger die „seltsamen Buchstaben" meist implizit mit der gespeicherten Buchstabengestalt.

Die im Modell aufgezeigten Möglichkeiten sollen zum Buchstaben-vergleich in und außerhalb der Schule anregen, das Vergleichen bewusst-machen. Die Gefahr, dass durch das Bewusstmachen und Thematisieren dieser vielfältigen Ausprägungen von Schrift der Erwerb der Schriftsprache behindert werden könnte, besteht nicht. Im Gegenteil: Damit wird der Leseanfängerin bzw. dem Leseanfänger eine für den Schriftspracherwerb nicht zu unterschätzende Hilfestellung zur selbstständigen Erschließung unbekannter Schriften gegeben.

Selbstständige Er-schließung unbe-kannter Schriften als Hilfestellung beim Schrift-spracherwerb

Die Kinder sammeln solche Funde „seltsamer" Schriften, bringen sie in die Schule mit, zeigen – und erlesen. Das regt sie dazu an, sich auch außer-halb der Schule aktiv und entdeckend mit Schrift auseinanderzusetzen, sie erfahren Sinn und Funktion von Schrift, erleben die Bedeutsamkeit von Le-sen und Schreiben, denken über Sprache nach – alles wichtige Kompeten-zen im Fach Deutsch.

Zu expliziten Vergleichen anregende Materialien können Kinder zudem leicht selbst am PC herstellen; jedes Textverarbeitungsprogramm verfügt über eine Unmenge von Fonts, mit denen problemlos Texte, Textteile und einzelne Buchstaben umformatiert werden können. Die folgenden beispiel-haften Möglichkeiten sollen unter anderem zeigen, wie dabei auch Texte der Kinder- und Jugendliteratur mit einbezogen werden können.

- Vergleichen auf Buchstabenebene (alle zehn A/a einkreisen)

- Lesen „seltsamer" Schriften, Vergleichen der Buchstabenformen, Mar-kieren ausgesuchter Buchstaben in allen Versen, Umsetzen in die Aus-gangsdruckschrift usw. (siehe Material auf S. 62)

Sitzt ein Schaf oder steht es im Schlaf?

Sollte man im Königskuchen einen König suchen?

Tiger haben schwarze Streifen, Autos meistens schwarze Reifen.

Ist ein dicker Hund eigentlich gesund?

Kann ein Nashornmagen Erdbeereis vertragen?

Hat ein Bär nicht immer Sehnsucht nach dem Meer?

Gibt es bei den Gurken nicht auch üble Schurken?

Mögen Rinder wohl Ferkelkinder?

Warum hat der Elefant denn nur eine Rüsselhand?

Kann ein Huhn denn was Böses tun?

PASSEN MÄUSE IN SCHNECKENGEHÄUSE?

Es gibt keine rosa Hasen, aber weiße mit rosa Nasen!

FRISST DAS KROKODIL WIRKLICH IMMER VIEL?

Tragen Kartoffeln im Keller Pantoffeln?

Kann man auf Pizzen wohl gemütlich sitzen?

*(Aus: BIRKENFELD, K.: „Gibt es bei den Gurken nicht auch üble Schurken?", aus: GELBERG, H.-J. (Hrsg.)
(2000): Großer Ozean. Beltz & Gelberg in der Verlagsgruppe Beltz: Weinheim/Basel)*

- Vergleichen und Ordnen verwürfelter Gedichtverse

Qualle	Qualle
Trittst du in eine Qualle beginnt schon das Gefalle. Dabei hat die Qualle nicht alle. Sie will nämlich schweben ihr ganzes Leben.	*Dabei hat die Qualle* *Trittst du in eine Qualle* *Sie will nämlich schweben ihr ganzes Leben.* *beginnt schon das Gefalle.* *nicht alle.*
PUDEL UND NUDEL	Pudel und Nudel
Die Nudel Du bist nicht dicht. **Ein Pudel** Ich mag dich nicht. *spricht zum Pudel:* *spricht zur Nudel:*	Ein Pudel spricht zur Nudel: Ich mag dich nicht. Die Nudel spricht zum Pudel: Du bist nicht dicht.

*(Nach: HÄRTLING, P.: Ein Pudel spricht zur Nudel, aus: GELBERG, H.-J. (Hrsg.) (2000): Großer Ozean.
Beltz & Gelberg in der Verlagsgruppe Beltz: Weinheim/Basel, S. 58)*

- Erfinden eigener Schriftarten und Umsetzen eines kurzen Verses, Vergleich der Ideen, Ausstellung im Klassenzimmer usw. (siehe S. 63)

Buchstaben tauschen

Kratze Katze
FRANTZ WITTKAMP

Nimm deine Pfoten weg, ich platze,
sagte der Luftballon zur Katze.

Aufgabe
Probiere eigene Buchstaben
aus. Schreibe dann das Gedicht
mit deinen Buchstaben.

Meine Buchstaben

K	L	N	P

a	b	d	e
f	g	i	l
m	n	o	p
r	s	t	u
w	z		

(Aus: GELBERG, H.-J. (Hrsg.) (1986): Überall und neben dir.
Beltz & Gelberg in der Verlagsgruppe Beltz: Weinheim/Basel, S. 43)

Mögliche Anschlussaufgaben

- Sammelaufgabe: Entdecken und Präsentieren seltsamer Schriftarten im Alltag
- Kinder erstellen ein Arbeitsblatt für den Buchstabenvergleich (laminiert immer wieder verwendbar)
- das Lieblingsgedicht am PC in verschiedenen Fonts gestalten

Verstehendes Lesen I – Textsalate
(2.–4. Jahrgangsstufe)

Standardbezug

Lesen – mit Texten und Medien umgehen
über Lesefähigkeiten verfügen
- altersgemäße Texte sinnverstehend lesen.

Texte erschließen
- Verfahren zur ersten Orientierung über einen Text nutzen,
- Texte genau lesen.

Leseübungen als Trainings- und Konzentrationsaufgaben einstreuen

Die kleinen Leseübungen (siehe S. 65) eignen sich als Trainings- und Konzentrationsaufgaben, wie sie immer wieder einmal in den Unterricht eingestreut werden sollten. Denn zum einen fällt es vielen Kindern zunehmend schwer, sich auf einen Text oder eine Textstelle zu konzentrieren, sie neigen daher zum „Überlesen". Zum anderen bedarf die Herausbildung des orientierenden und selektiven Lesens neben der Konzentrationsfähigkeit auch des Trainings der Augenbewegung, der Erweiterung der Blickspanne, der Förderung des Kurzzeitgedächtnisses und der Entwicklung der Beobachtungsgabe.

Mögliche Anschlussaufgaben

- Texte, insbesondere Sachtexte, werden zu Textsalaten „umgeschrieben". Dabei üben die Kinder neben dem Lesen auch das Rechtschreiben, das Textverstehen usw.
- Textsalate lassen sich am PC leicht herstellen und gestalten – eine gute Möglichkeit, die Kinder selbst ihr Arbeitsmaterial anfertigen zu lassen.

Textsalat

Die Mutter verteilt den Pudding
Hier scheint noch etwas
zu viel zu sein,
während dort und dort noch ein halbes
Sie vergleicht und wägt,
Und langsam läuft ihnen
und alle sehen erwartungsvoll zu.
mehr sich selbst als die anderen:
sagt Martin.
auf sechs Tellerchen
und nimmt es sehr genau.
Löffelchen zugegeben werden könnte.
Nein, nun ist das erste
doch wohl zu schlecht weggekommen.
Schließlich fragt die Mutter,
„So, wer hat nun zu wenig?"
das Wasser im Mund zusammen.
„Alle",

Textsalat

Schuppen von Fichtenzapfen herab.
Blickt man empor,
entdeckt man ein Eichhörnchen,
reißt es die Schuppen ab,
Samen zu kommen.
Schließlich lässt es auch
an ihrer Spitze noch verbliebenen
dagegen hinterlassen Waldmäuse,
Eine säuberlich abgenagte Spindel
Durch das Geäst der Bäume rieseln
das mit seinem kräftigen Gebiss
gerade einen Fichtenzapfen bearbeitet.
Der Reihe nach
um an die darunterliegenden
Schuppen fallen.
die Zapfenspindel mit den
hoher Fichten, wo die Zapfen hängen,
Sie klettern bis an die äußerste Spitze

Verstehendes Lesen II – Passende Wörter finden

(2.–4. Jahrgangsstufe)

Standardbezug

Lesen – mit Texten und Medien umgehen
über Lesefähigkeiten verfügen
- altersgemäße Texte sinnverstehend lesen.

Texte erschließen
- Verfahren zur ersten Orientierung über einen Text nutzen,
- gezielt einzelne Informationen suchen,
- Texte genau lesen.

Der Leser als
„Co-Autor"

Im schulischen Kontext wird im Bereich Lesen häufig der Begriff „Sinnentnahme" verwendet; dieser Begriff ist irreführend. Man kann, insbesondere bei fiktionalen oder lyrischen Texten, den „Sinn" nicht einfach entnehmen, schon gar nicht immer den, den jemand (der Lehrer) zudem als den „richtigen" ansieht. Ein Text gewinnt Bedeutung durch das aktive, bewusste Interpretieren jedes einzelnen Lesers, er ist der „Co-Autor". Das, was ein Leser „versteht", steht am Ende eines aktiven (re-)konstruktiven Prozesses und ist zudem abhängig von dessen Wissen, (Lese-)Erfahrungen usw.

Auf der folgenden Seite finden sich zwei Übungen zum sinnverstehenden Lesen.

- Auswählen passender Wörter aus einem Angebot
  Die Übung zielt mit ihren Alternativen nicht nur auf inhaltliches, sondern auch auf semantisches Verstehen.
- Einsetzen passender Wörter in Lücken

Mögliche Anschlussaufgabe
- aktuelle Sachtexte aus dem Unterricht entsprechend aufbereiten; sie können dann auch der Lernkontrolle dienen

Passende Wörter

Vater will nicht *gestört* werden. Mutter geht einkaufen. Sie sagt zu
             zerstört
den *Eltern*: „Ich *singe* jetzt. Der Vater schläft. Wenn es an der Haustür
   Kindern   *gehe*
schellt oder wenn das *Telefon* klingelt, dann sagt ihr, dass *Mutter* nicht
klingelt   *Radio*   *Vater*
da ist. Ihr wisst natürlich, *weil* er da ist. Aber die anderen brauchen das
                        dass
nicht zu *sehen*. Er ist *da* und kommt in einer *Stunde* wieder!“ Karla
      wissen   *weg*   *Minute*
und Kurt haben *gestanden*. Als das Telefon klingelt und Vater *verlangt*
          verstanden   *belangt*
wird, sagt Karla: „Können Sie in einer *Woche* noch einmal *anrufen*?
                            Stunde   *kommen*
Vater schläft nämlich!“

Fehlende Wörter

Die Wüste wimmelt von _____: Grillen, Heuschrecken, Käfern,

Ameisen. Diese kleinen Wüstengeschöpfe fressen Samen und Blätter und

trinken den _____ von Pflanzen. Von allen Wüsteninsekten ist die

Pepsis-Wespe das seltsamste _____. Sie trägt am Körperende einen

giftigen _____, mit dem sie ihre Feinde bekämpft. Aber sie ge-

braucht den Stachel noch auf eine andere, fantastische Weise: Mit ihr ver-

schafft sie sich den Platz zum Ablegen der Eier. Die _____ legt

ihre _____ in den Körper der gefährlich giftigen, behaarten

Tarantel. Ihr Stachel durchdringt die Unterseite der _____ und

das _____ versetzt die Tarantel in einen scheinbar leblosen Zustand.

TIPP: Oft findest du das fehlende Wort, wenn du im Text weiterliest!

Vergleichendes Lesen – „Der Rauch"

(2.–4. Jahrgangsstufe)

Standardbezug

Lesen – mit Texten und Medien umgehen
über Lesefähigkeiten verfügen
- altersgemäße Texte sinnverstehend lesen,
- lebendige Vorstellungen beim Lesen und Hören literarischer Texte entwickeln.

über Leseerfahrungen verfügen
- Erzähltexte, lyrische und szenische Texte kennen und unterscheiden,
- Kinderliteratur kennen: Werke, Autoren und Autorinnen, Figuren, Handlungen.

Texte erschließen
- Texte genau lesen,
- eigene Gedanken zu Texten entwickeln, zu Texten Stellung nehmen und mit anderen über Texte sprechen,
- bei der Beschäftigung mit literarischen Texten Sensibilität und Verständnis für Gedanken und Gefühle und zwischenmenschliche Beziehungen zeigen.

Ist ein Haus bewohnt, raucht der Schornstein. Diese scheinbare Selbstverständlichkeit bringen schon kleine Kinder in ihren Bildern zum Ausdruck:

Der Rauch

BERTOLT BRECHT

Das kleine Haus unter Bäumen am See
Vom Dach steigt Rauch
fehlte er
wie trostlos dann wären
Haus, Bäume und See.

(Aus: BRECHT, B. (1988): Die Große kommentierte Berliner und Frankfurter Ausgabe, Bd. 12.
Suhrkamp Verlag: Frankfurt am Main)

Gedichte

Der Rauch
BERTOLT BRECHT

Das kleine Haus unter Bäumen am See
Vom Dach steigt Rauch
fehlte er
wie trostlos dann wären
Haus, Bäume und See.

Verlassenes Haus
JOSEF GUGGENMOS

In einem Haus schellt
das Telefon, schellt und schellt.
Dann:
Totenstille.

Komm in mein Haus
BRUNO HORST BULL

Komm in mein Haus,
komm in mein kleines Haus.
Die Fenster stehn offen,
die Türe ist auf,
da schauen wir beide
von drinnen heraus.

Junge – dein Haus brennt ab!
IRMTRAUD TZSCHEUSCHNER

Dies ist das Bild
vom Haus des Jungen.
Rote Feuerzungen lecken
vom Dach.
Junge – dein Haus
brennt ab!
Was kümmert's mich?
Das Feuer ist gemalt
und bleibt
hübsch im Bilde.

Wunsch
KLAUS KORDON

Eines Tages
werden andere
in unseren Häusern
leben:
Wenn wir gastlich sind,
werden wir Häuser bauen,
in denen sie
leben können.

Aufgabe

Zeichne beim Gedicht von Bertolt Brecht ein kleines Haus in das Kästchen. Mache das auch bei einem zweiten Gedicht, das deiner Meinung nach gut zum Gedicht von Bertolt Brecht passt.

Wie kannst du im Gespräch deine Meinung begründen?

(BRECHT, B.: Der Rauch, aus: Ders. (1988): Die Große kommentierte Berliner und Frankfurter Ausgabe, Bd. 12. Suhr-kamp Verlag: Frankfurt am Main; BULL, B. H.: Komm in mein Haus, GUGGENMOS, J.: Verlassenes Haus, KORDON, K.: Wunsch, aus: GELBERG, H.-J. (Hrsg.) (1986): Überall und neben dir. Beltz & Gelberg in der Verlagsgruppe Beltz: Weinheim/Basel; TZSCHEUSCHNER, I.: Junge – dein Haus brennt ab!, aus: GELBERG, H.-J. (Hrsg.) (1988): Die Erde ist mein Haus. Beltz & Gelberg in der Verlagsgruppe Beltz: Weinheim/Basel)

Diese Gegenüberstellung von Text und Bild leitet die kurze Einheit ein. Kontrastives animiert Kinder immer, sich zu äußern; Parallelen und Unterschiede sind schnell benannt. Die Schüler erhalten dann ein Textblatt (siehe Kopiervorlage, S. 69) mit vier weiteren Gedichten und einem Zeichenauftrag, der marginalen Charakter hat. Der Raum für die Zeichnungen ist begrenzt, damit deutlich wird, was im Mittelpunkt steht – die Texte.

Mögliche Anschlussaufgaben

- Das Verfahren, thematisch oder inhaltlich ähnliche Gedichte/Texte zu kontrastieren, ist eine Methode, die in vielen Fällen produktiv sein kann. Das Gestalten der Leseblätter können die Kinder übernehmen.
- andere Gedichte, die von Häusern und Menschen handeln, suchen und zusammenstellen
- Informationen zu BERTOLT BRECHT und/oder JOSEF GUGGENMOS zusammentragen (vor allem zu Letzterem böte sich ein Steckbrief an)
- Die Kinder recherchieren, ob die Eltern von ihnen noch eine Zeichnung mit einem Haus haben.

Produktive Verfahren – „Das freche Schwein"
(2.–4. Jahrgangsstufe)

Standardbezug

Lesen – mit Texten und Medien umgehen
über Lesefähigkeiten verfügen
- altersgemäße Texte sinnverstehend lesen,
- lebendige Vorstellungen beim Lesen und Hören literarischer Texte entwickeln.

über Leseerfahrungen verfügen
- Erzähltexte, lyrische und szenische Texte kennen und unterscheiden,
- Kinderliteratur kennen: Werke, Autoren und Autorinnen, Figuren, Handlungen.

Texte erschließen
- Texte genau lesen,
- eigene Gedanken zu Texten entwickeln, zu Texten Stellung nehmen und mit anderen über Texte sprechen,
- bei der Beschäftigung mit literarischen Texten Sensibilität und Verständnis für Gedanken und Gefühle und zwischenmenschliche Beziehungen zeigen.

Bei diesem produktiven Verfahren sollen zum einen ausgelassene Wörter – das müssen und sollten nicht immer nur die Reimwörter sein! – nach je individuellem Textverständnis und Sprachvermögen ersetzt werden; dazu bedarf es einer intensiven Auseinandersetzung mit dem Text, also mehrmaligen Lesens, weil sich nur dann sinnvolle Lösungen finden lassen, wenn der Kontext klar ist und verstanden wurde. Gleichzeitig werden der aktive und der passive Wortschatz erweitert. Zum anderen sollen die durch den Text evozierten „inneren Bilder" in Zeichnungen umgesetzt werden.

© NORMAN JUNGE

Das freche Schwein
MONIKA SECK-AGTHE

1   Der Maulwurf Tom ist jede Nacht
2   verärgert und sehr aufgebracht.
3   Ein dickes, freches, altes Schwein
4   quetscht sich in seine Hütte rein.

5   Da drin ist's mollig, weich und warm.
6   Tom friert und schlägt deshalb Alarm:
7   „Dies Haus ist meins! Ich hab's bezahlt!
8   Und auch noch selber angemalt!"

9   So jammert Tom, es nützt nicht viel:
10   Das Schwein ist dreist und auch stabil.
11   Tom klettert auf sein spitzes Dach
12   und hält sich mit der Zeitung wach.

13   „Lies vor!" So herrscht das Schwein ihn an.
14   „Was ist passiert? Nun sag's schon Mann!"
15   Der Maulwurf schluckt, ihm ist nicht gut.
16   Ganz tief im Bauch, da wühlt die Wut.

17   Das Leben könnte schöner sein,
18   jedoch nur ohne dieses Schwein.

(Aus: GELBERG, H.-J. (Hrsg.) (1986): Überall und neben dir.
Beltz & Gelberg in der Verlagsgruppe Beltz: Weinheim/Basel)

In „Das freche Schwein" können für die weggelassenen Wörter „quetscht" (Z. 4), „mollig" (Z. 5), „dreist" (Z. 10) und „stabil" (Z. 10), die sich nicht unbedingt im kindlichen Wortschatz finden, sprachlich einfache, richtige Lösungen gefunden werden. Die Lücken für „herrscht ... an" (Z. 13) fordern das sprachliche Gespür für eine zweiteilige Satzaussage. Die Redewendung „wühlt die Wut" (Z. 16) im Zentrum des Gedichtes ist bei Kindern nicht sehr gebräuchlich. „Zeitung" (Z. 12) wird weggelassen, weil das Wort im Zusammenhang mit „hält sich wach" einerseits eine ungewöhnliche Lösung konstituiert, andererseits sich die folgenden Verszeilen darauf beziehen – das ist nicht ganz einfach zu lösen.

Zu Beginn sollten nur die beiden ersten expositorischen Verszeilen gezeigt werden, keinesfalls schon die Illustration von Norman Junge:

„Der Maulwurf Tom ist jede Nacht
verärgert und sehr aufgebracht."

Die Zeilen werden mehrfach gelesen, spontane Ausführungen und antizipierende Mutmaßungen der Kinder schließen sich an. Auf dem Textblatt mit Zeilenlineal (siehe Kopiervorlage, S. 73) füllen die Kinder zunächst alleine oder mit einem Partner die Auslassungen im Gedicht, danach erst zeichnen sie ein zum Gedicht passendes Bild.

Bei der Präsentation der möglichen Lösungen – es geht nicht um die „richtige" Lösung, jede Lösung, sofern sie denn kontextgemäß und sinnvoll ist, soll gewürdigt werden – und der Zeichnungen ist ein kleines Element der Rhetorikschulung zu berücksichtigen: Die Kinder, die ihre Ergebnisse vorlesen und zeigen wollen, tun dies stehend, wenn möglich vor der Klasse. Jedes Kind kann so auch sich direkt auf die eigene Arbeit beziehende Fragen und Ergänzungen besser moderieren.

Ein Lehrervortrag, visuell unterstützt durch die auf Folie kopierte Illustration, bildet den Abschluss.

Mögliche Anschlussaufgabe

- Zur Gedichtsammlung „Überall und neben dir" gibt es auch eine Kassette (Hamburg: Polygram 1994), auf der Hans-Joachim Gelberg eine Auswahl vorliest, unter anderem „Das freche Schwein".
  Das Gedicht könnte also weitergehend sowohl der Sprech- als auch der Medienerziehung dienen. Die Kinder üben den Vortrag des Gedichtes, durchaus auch auswendig, anschließend nimmt man jedes Kind mit dem PC oder der Digitalkamera auf. Die Realisierung von Gelberg dient als (kritisch anzuhörendes) Vorbild oder dem Vergleich.

Das freche Schwein
MONIKA SECK-AGTHE

1　Der Maulwurf Tom ist jede Nacht
2　verärgert und sehr aufgebracht.
3　Ein dickes, freches, altes Schwein
4　_____ sich in seine Hütte rein.

5　Da drin ist's_____, weich und warm.
6　Tom friertund schlägt deshalb Alarm:
7　„Dies Haus ist meins! Ich hab's bezahlt!
8　Und auch noch selber angemalt!"

9　So jammert Tom, es nützt nicht viel:
10　Das Schwein ist_____ und auch _____.
11　Tom klettert auf sein spitzes Dach
12　und hält sich mit der _____ wach.

13　„Lies vor!" So _____ das Schwein ihn _____.
14　„Was ist passiert? Nun sag's schon Mann!"
15　Der Maulwurf schluckt, ihm ist nicht gut.
16　Ganz tief im Bauch, da _____.

17　Das Leben könnte schöner sein,
18　jedoch nur ohne dieses Schwein.

Hier ist Platz für dein Bild.

(Nach: GELBERG, H.-J. (Hrsg.) (1986): Überall und neben dir.
Beltz & Gelberg in der Verlagsgruppe Beltz: Weinheim/Basel)

Texte erleben – „Sätze sind Spielplätze"

(3./4. Jahrgangsstufe)

Standardbezug

Lesen – mit Texten und Medien umgehen
über Lesefähigkeiten verfügen
- altersgemäße Texte sinnverstehend lesen,
- lebendige Vorstellungen beim Lesen und Hören literarischer Texte entwickeln.

HANS MANZ ist einer der herausragenden Autoren der Kinder- und Jugendliteratur. „Er hat Texte geschaffen, die Kinder neugierig machen und ihnen
Zugänge zum genauen Hinhören, Verstehen auch zwischen den Zeilen und
zur Freude am Umgang mit Sprache öffnen", so eine Jury in ihrer Begründung für einen der vielen Preise, die HANS MANZ erhalten hat.

Worum es beim folgenden Leseblatt (siehe Kopiervorlage, S. 75) geht, er-
läutert HANS MANZ am besten selbst:

„Seit vielen Jahren beobachte ich, wie Kinder mit Sprache umgehen. [...]
Aus Hasen werden durch bloße Lautveränderung Hosen. Ob das einen Sinn
hat, interessiert die Kinder nicht. Sie lachen und probieren auf der Stelle
weitere Umformungen aus. Und *das* hat einen Sinn. Selbst mit sogenannten
schwierigen, doppelsinnigen Texten verhält es sich nicht anders."

(MANZ, H. 1978, Nachwort)

Die kurzen Texte von HANS MANZ liest jedes Kind zuerst alleine mit dem
Auftrag, die beiden witzigsten Texte zu markieren (so muss mehrmals gelesen werden). Es folgt ein kurzer Austausch mit dem Partner. Nach ausreichender Zeit genügt ein Impuls für das Plenum, um das Gespräch in Gang
zu bringen: „Kannst du mir einen Text erklären?" Wer sich äußern will, liest
den entsprechenden Text zuerst stehend laut vor (das Vorlesen/Präsentie-
ren einüben) und gibt dann sein Statement ab; andere Kinder greifen anschließend ein.

Mögliche Anschlussaufgaben
- Internetrecherche zu HANS MANZ
- in der Bücherei Bücher von HANS MANZ suchen und entleihen; Texte für
  ein „Hans-Manz-Büchlein" zusammenstellen
- kreative Weiterarbeit zu „Sätze sind Spielplätze": eigene Sätze schreiben

Ein Gedicht lesen

Sätze sind Spielplätze
HANS MANZ

Dieser Satz besteht aus sechs Wörtern.
Und dieser Satz ist aus acht Wörtern zusammengesetzt.
Dieser Satz hingegen enthält sage und schreibe zwanzig Wörter, teilt aber nicht mehr
mit als die beiden vorhergegangenen, dieser Schwätzer.

Auch wenn ich schreibe,
dies sei kein Satz,
ist das ein Satz.

Diesen Satz kann man umdrehen:
Selbst Angsthasen, Rotznasen, Springinsfelde, Heulsusen sind Kinder der Eltern.

Mein Nachbar braucht manchmal für einen Satz eine Stunde
und kommt dabei total außer Atem.
Er ist Tennisspieler.

Zwei gleiche ungleiche Sätze:
Man kann mit einem Schlitten einen Zaun umfahren. (Glück gehabt!)
Man kann mit einem Schlitten einen Zaun umfahren. (Krach! Au!)

Bitte machen Sie mir einen neuen Absatz.
Gern, sagte der Schuhmacher. Her mit dem Schuh.
Gern, sagte der Buchdrucker,
hier ist er.

(Aus: MANZ, H. (1993): Vom Maulaufreißen und Um-die-Ecke-Gucken. Nagel und Kimche: Zürich, S. 59 f.)

Sachtexte verstehen – „Der Kugelfisch"

(3./4. Jahrgangsstufe)

Standardbezug

Lesen – mit Texten und Medien umgehen
über Lesefähigkeiten verfügen
- altersgemäße Texte sinnverstehend lesen.

über Leseerfahrungen verfügen
- verschiedene Sorten von Sach- und Gebrauchstexten kennen.

Texte erschließen
- Verfahren zur ersten Orientierung über einen Text nutzen,
- gezielt einzelne Informationen suchen,
- Texte genau lesen,
- bei Verständnisschwierigkeiten Verstehenshilfen anwenden: nachfragen, Wörter nachschlagen, Text zerlegen,
- Texte mit eigenen Worten wiedergeben,
- zentrale Aussagen eines Textes erfassen und wiedergeben.

Die Basis für den zunehmend differenzierten Zugriff auf Texte legen

Für das Erschließen von Sachtexten gibt es eine ganze Reihe Verfahren, die von einfachen bis hin zu komplexen Lesestrategien reichen. In der Grundschule soll die Basis für den zunehmend differenzierten Zugriff auf Texte gelegt werden. Damit sich Strategien und Verfahren verfestigen, ist es sinnvoll, (fast) immer nach dem gleichen Verfahren vorzugehen; der rechts stehende Vorschlag ist eine Möglichkeit.

Ausdrücklich hinzuweisen ist auf den eminent wichtigen ersten Schritt, der bei allzu technokratischem Vorgehen leider oft vergessen wird, aber entscheidend das Verstehen von Texten bestimmt: das Aktivieren des Vorwissens. Für welches Vorgehen man sich auch entscheiden mag, immer muss an erster Stelle die Aktivierung des Vorwissens der Kinder stehen.

Sachtexte verstehen

So gehe ich vor:

1. Ich überlege, was ich bereits über die Sache, das Thema weiß (einige Minuten Zeit nehmen).
2. Ich orientiere mich zuerst anhand von Überschriften und Bildern.
3. Ich lese den Text in Ruhe durch, <u>ohne etwas in der Hand zu halten</u>.
4. Ich kreise nun wichtige Begriffe und Schlüsselwörter rot ein.
5. Ich unterstreiche mit blauer Farbe Informationen, die mir wichtig erscheinen.
6. Ich schreibe Fragen, Notizen und alles, was ich nicht verstanden habe, mit grüner Farbe an den Rand.
7. Ich finde Oberbegriffe für die einzelnen Textabschnitte und schreibe sie mit Bleistift an den Rand.
8. Ich versuche nun, den Text mithilfe der Oberbegriffe mit eigenen Worten wiederzugeben.
9. Ich trage jemandem den Inhalt vor, erkläre ihm, was er vielleicht nicht gleich versteht, und beantworte seine Fragen.

Natürlich sind nicht immer alle Schritte notwendig.
Das hängt ganz davon ab, wie schwierig ein Text ist.

Einen Sachtext verstehen

© dpa

Aufgabe

Lies den folgenden Sachtext. Gehe dabei nach denjenigen Schritten vor, die dir notwendig erscheinen, damit du später den Inhalt mit eigenen Worten wiedergeben kannst.

Der Kugelfisch

1   Schon in normalem Zustand sind die Kugelfische merkwürdige Gesellen. Das Schwanzende dieser Tiere ist dünn und schlank, das Kopf- und Brustteil dagegen breit, im Ober- und Unterkiefer stehen je zwei schneidezahnartige, geteilte Zähne, mit denen diese Fleisch-

5   fresser Nahrungsbissen abzwicken können. Wird ein Kugelfisch stark erschreckt oder von einem Feind verfolgt, so kann er eine Menge Wasser schlucken oder auch Luft, falls er noch Zeit hat, die Wasseroberfläche zu erreichen. Dadurch bläht sich sein Bauch zu einem gewaltigen Ballon auf, der Fisch wird zu einer Kugel, die nun

10   nicht mehr so leicht zu verspeisen ist. Seinem Verfolger auf diese Art und Weise entkommen, spuckt er dann Luft oder Wasser wieder aus, wobei glucksende, trommelnde Geräusche entstehen.

    Meist tragen die Kugelfische ein schön gemustertes Schuppenkleid, wie etwa der Südliche Kugelfisch und der Gescheckte Kugelfisch, die

15   beide im Westatlantik vorkommen. Die inneren Organe und das Fleisch der Kugelfische sind giftig. Zwar können geschulte Köche in Japan sie als Speise zubereiten, ohne dass dem Menschen Gefahr durch das Gift droht, doch kommen bei unsachgemäßer Zubereitung immer wieder Vergiftungen mit tödlichem Ausgang vor.

Zaubern mit der Kamera – „Der Zauberer Schrappelschrut"

(alle Jahrgangsstufen)

Standardbezug

Lesen – mit Texten und Medien umgehen
Texte erschließen
- handelnd mit Texten umgehen: z. B. illustrieren, inszenieren, umgestalten, collagieren.

Texte präsentieren
- verschiedene Medien für Präsentationen nutzen.

Mit digitalen Handykameras zu filmen, ist heute dank Bildstabilisatoren, Autofokus, Verwackelungsschutz usw. ebenso simpel wie das Fotografieren mit einer Digitalkamera. Ohne Aufwand – noch vor wenigen Jahren brauchte man ein Stativ, entsprechende Beleuchtung, externe Mikrofone usw. und musste aufwändig nachbearbeiten – kann „aus der Hand heraus" ein Film gedreht werden, der kindlichen Ansprüchen (und nicht nur diesen) voll genügt. Für das hier vorgestellte Modell bedarf es lediglich der Bedienung der Tasten „Start", „Stopp" und „Pause" an der Kamera.

Es ist wichtig, dass Kinder zwischen Film und Wirklichkeit unterscheiden können – viele Pädagogen und Psychologen beklagen ja, dass diese durch zunehmenden Fernseh- und Medienkonsum dabei mehr und mehr Schwierigkeiten hätten. Es ist also sinnvoll, bereits Schülern der Primarstufe einen grundlegenden Eindruck davon zu vermitteln, dass nicht alles, was sie im Fernsehen oder auf der Leinwand sehen, tatsächlich „echt", sondern vieles ganz simpel getrickst ist. Das lässt sich durch das eigene Handeln natürlich besser erleben als durch die Analyse von ausgewählten Beispielen (was sich aber durchaus fruchtbar anschließen kann).

Durch eigenes Handeln zwischen Film und Wirklichkeit unterscheiden lernen

„Zaubert" man mit der Digitalkamera, erfahren Kinder, wie einfach es im Film ist, jemanden plötzlich verschwinden zu lassen oder in etwas anderes zu verwandeln – hier in ein Plüschtier.

Ausgangspunkt ist das (vorher bekannte) Lied „Schrippel-Schrappel-Huckebein" (erschienen auf der CD: JÖKER, DETLEV: 1, 2, 3 im Sauseschritt. Menschenki (Universal) 2005). An einem verabredeten Tag bringen die Kinder ihre Lieblingskuscheltiere mit in die Schule. Zielrichtung und Ablauf der Einheit werden besprochen: „Du weißt, der Zauberer Schrappel-schrut verzaubert Menschen in Tiere. Was in der Wirklichkeit nicht geht, kann im Lied, aber auch im Film sehr leicht passieren. Das wollen wir heute ausprobieren." Für die Illusion entscheidend ist, dass die Kamera exakt an einer bestimmten Stelle des Liedes angehalten wird:

„Da steht der Zauberer Schrappel-schrut mit seinem großen Zau-berhut. Er überlegt, schaut ihn nur an, was er wohl wieder zau-bern kann. Schrippel-Schrappel-Huckebein, du sollst jetzt ein ...

[Pause-Taste drücken]

[Play-Taste drücken]

... Plüschhund sein!"

Dieses Verfahren, eine seit den frühesten Filmen praktizierte Tricktechnik, bezeichnet man auch als „stop & go".

Jedes Kind darf eine Strophe filmen, die Reihenfolge der Filmenden wird vorher festgelegt und an der Tafel fixiert. Und weil jedes Kind ein Kuschel-tier dabei hat, können auch alle gefilmt werden, und jeder darf einmal der Zauberer sein. Durch die Montagetechnik („harter Schnitt") ist es möglich, das Filmen über den ganzen Schulvormittag zu verteilen und zwischen-durch zur Abwechslung anderes zu tun. Zum Abschluss des Vormittags schaut man sich den fertigen Film gemeinsam an und erlebt, wie einfach verblüffende Tricks im Film zu bewerkstelligen sind.

Mögliche Anschlussaufgaben

- Analyse von Filmtricks in Kinderfilmen, etwa „Die rote Zora", „Pippi Langstrumpf" usw.
- weitere einfache Filme mit der Handykamera herstellen, etwa Dokumentationen im Bereich Sachunterricht (Unterrichtsgang zum Weiher) oder von Diskussionen in der Klasse, damit man anschließend nachvollziehen kann, ob sich alle an die Gesprächsregeln halten o. Ä.

Lyrik und Malerei – „Meine Winterlandschaft"
(3./4. Jahrgangsstufe)

Standardbezug

Lesen – mit Texten und Medien umgehen
über Leseerfahrungen verfügen
- Erzähltexte, lyrische und szenische Texte kennen und unterscheiden,
- Kinderliteratur kennen: Werke, Autoren und Autorinnen, Figuren, Handlungen,
- Texte begründet auswählen,
- sich in einer Bücherei orientieren,
- Angebote in Zeitungen und Zeitschriften, in Hörfunk und Fernsehen, auf Ton- und Bildträgern sowie im Netz kennen, nutzen und begründet auswählen.

Texte erschließen
- eigene Gedanken zu Texten entwickeln, zu Texten Stellung nehmen und mit anderen über Texte sprechen,
- Unterschiede und Gemeinsamkeiten von Texten finden,
- handelnd mit Texten umgehen: z. B. illustrieren, inszenieren, umgestalten, collagieren.

Die kleine, fachübergreifende Unterrichtssequenz „Meine Winterlandschaft" verzahnt Kunst und Literatur miteinander. Sie will Kindern einen ästhetischen, differenzierten, individuellen Zugriff auf symbolische Darstellungen von Winter(landschaften) in Gemälden und Gedichten eröffnen und so den Genuss von und das Verständnis für Kunst stärken. Das didaktisch-methodische Arrangement zielt darauf ab, die Aufmerksamkeit der Kinder für das Besondere, Einmalige zu gewinnen und das Staunen darüber zu wecken, in den Gemälden ist dies etwa der Schnee auf den Hausdächern oder das Spiel der Farben am Himmel. Diese Wahrnehmung genügt sich

Die Aufmerksamkeit der Kinder für das Besondere gewinnen und das Staunen darüber wecken

selbst, wird nicht weiter funktionalisiert. Hieraus entwickelt sich idealerweise ein Angemutet-Sein, ein Deuten, ein Verstehen. Nur was wir bewusst wahrnehmen, vermag subjektive Wirkung zu zeigen.

In der Regel ist es günstiger, gegenständliche Darstellungen von Winterlandschaften zu wählen. Gemeinsam ist allen unten aufgeführten Gemälden das meisterhafte Zusammenspiel von Licht und Farben:

Pieter Bruegel d. Ä.	Alter Meister	Winterlandschaft mit Eisläufern und Vogelfalle (1565)
Rembrandt	Alter Meister	Winterlandschaft (1646)
Gustave Courbet	Realismus	Dorfausgang im Winter (um 1869/70)
Paul Gauguin	Impressionismus	Winterlandschaft (1879)
Claude Monet	Impressionismus	Dorfeingang von Vétheuil im Winter (1879)
Maurice de Vlaminck	Fauvismus	Dorf im Winter
Edvard Munch	Vorläufer des Expressionismus	Winterlandschaft in Kragero

Bei den Wintergedichten ist es wichtig, möglichst breit zu streuen: neben ausgesprochenen Kindergedichten (PETER HACKS, JOSEF GUGGENMOS, FRITZ DEPPERT) auch Klassisches, Kanonisiertes (MATTHIAS CLAUDIUS), eher Unbekanntes (GUSTAV FALKE, KARL KROLOW, ANONYMUS), eine Miniatur von CHRISTINE BUSTA (genaue Literaturangaben zu den einzelnen Texten finden sich im Literaturverzeichnis, siehe S. 128):

Josef Guggenmos	Ich male mir den Winter
Peter Hacks	Der Winter
Fritz Deppert	Winterwunschnacht
Karl Krolow	Eisblumen
Gustav Falke	Winter
Anonymus	Es ist ein schne gefallen
Christine Busta	Baum im Winter
Matthias Claudius	Ein Lied hinterm Ofen zu singen [Anmerkung: Die Strophen 2 und 3 des Originals werden, weil in Wortwahl und Inhalt für Kinder schwer verstehbar, weggelassen.]

Die Gedichte unterscheiden sich absichtsvoll in Form und Schwierigkeitsgrad. Das eine hilft den Kindern, eine verfeinerte prototypische Vorstellung davon aufzubauen, was denn ein Gedicht ist, das andere trägt den Prinzipien nach Differenzierung und forderndem Fördern Rechnung. (Selbstverständlich ist auch eine völlig andere Zusammenstellung von Gemälden und Gedichten vorstellbar.)

Die Sequenz besteht aus drei Einheiten, die sinnvollerweise, aber nicht zwingend, an drei aufeinanderfolgenden Tagen stattfinden:

Schwerpunkt der ersten Einheit ist die Bildbetrachtung von Winterlandschaftsgemälden. Am besten ist es, wenn die Gemälde in großformatigen Abbildungen aus Kunstbüchern (Poster Book) vorliegen und diese, wie in einer Galerie, mit relativ großen Abständen an den Wänden des Flurs hängen, Titel und Maler darunter. (Alternative zur Galerie: Die Bilder sind auf Folie gedruckt und werden gemeinsam mittels des Overheadprojektors betrachtet; dabei ist auf sehr gute Reproduktionsqualität zu achten, denn die Gemälde verlieren sonst allzu viel von ihrer Eindrücklichkeit.) Die Kinder gehen von Bild zu Bild, betrachten aus verschiedenen Distanzen, halten inne und tauschen sich aus – das geschieht tatsächlich, wenn eine Gruppe Kinder vor einem Gemälde steht. Auf ein Zeichen versammelt sich die Klasse auf dem Gang, umgeben von den Bildern, zum Gespräch über die Gemälde. Dabei, und auch schon vorher, wenn man mit den Kindern die „Galerie besucht", kann man ihnen beiläufig einige Informationen und Hinweise zu den Malern, den Bildern, den Epochen geben. Erfahrungsgemäß bleiben solche „En-passant-Informationen" (inzidentelles Lernen) gut im Gedächtnis, oft besser, als wenn absichtsvoll gelernt werden soll. Nebenbei sollte man sich notieren, welche Bilder besonders gut, welche weniger gut ankommen – das ist für die Vorbereitung der dritten Einheit wichtig.

Im Zentrum der zweiten Einheit stehen die Gedichte, hauptsächlich geht es um das Lesen und die Entwicklung einer prototypischen Vorstellung davon, was ein Gedicht ist. In ausreichender Anzahl (etwa je zehn Kopien) werden die Gedichte vor der Tafel auf Stühle gelegt. Über Kärtchen an den Lehnen der Stühle werden die Kinder über Gedichttitel und Autorin bzw. Autor informiert. Sie wählen sich nun ein Gedicht aus, nehmen es mit an den Platz und lesen. Dieses Procedere kann jedes Kind so lange für sich wiederholen, wie es will.

Nachdem die Kinder einige/alle Gedichte gelesen haben, behält jedes abschließend eine Kopie des Wintergedichtes, das ihm am besten gefallen hat. Mit den Lieblingsgedichten trifft sich zuerst die Gruppe zum Austausch, danach die Klasse zum Gespräch, währenddessen auch Zeit für das Vorlesen und Vortragen ist. Neben Äußerungen wie „Mir hat am besten/gar nicht gefallen …" werden die Kinder von sich aus auch Dinge ansprechen, die traditionell die Erarbeitung von Gedichten bestimmen: (kein) Reim, Aufbau, Besonderheiten. Und sie stellen in den Gesprächen über die Gedichte stets auch unaufgefordert Bezüge zu den Bildern vom Vortag her, d. h., sie erkennen die thematischen Verknüpfungen, obwohl diese zu Beginn der zweiten Einheit nicht ausdrücklich hergestellt werden.

Die dritte Einheit („Meine Winterlandschaft") bringt nun Gedichte und Bilder im Wortsinne zusammen. Aus der zweiten Einheit hat jedes Kind die Kopie seines Lieblingsgedichts. Durch die Notizen aus der ersten Einheit weiß die Lehrkraft in etwa, welche Gemälde besonders vielen Kindern gefallen haben, und kann entsprechend gestaltete Blätter mit Kopien der Bilder in ausreichender Zahl vorbereiten (Beispiel siehe Kopiervorlage, S. 85; in das untere Feld werden von der Lehrkraft die Gemälde gedruckt). Je nachdem, wie man vorgegangen ist, werden die Gemälde noch einmal auf dem Flur oder via Overheadprojektor betrachtet, dazu werden die Gedichte gelesen. Danach nimmt sich jedes Kind eine Kopiervorlage mit dem Bild, das ihm am besten gefällt und/oder von dem es glaubt, dass es besonders gut zu seinem Lieblingsgedicht passt, und befestigt daran entweder mit Schnüren, Kleber, Klammern usw. sein Gedicht, oder es schreibt es schön gestaltet auf. Text und Bild sind nun eine Einheit, verstärken sich gegenseitig, bieten je nach Kombination reizvolle, neuartige Betrachtungsweisen und Zugänge, bauen Spannungsverhältnisse auf.

Die Bild-Text-Kombinationen werden abschließend der Galerie im Flur zugeordnet oder ergeben eine neue Ausstellung mit dem Titel „Meine Winterlandschaft".

Mögliche Anschlussaufgaben

- Der Zugriff auf Lyrik und Malerei eignet sich für jede Jahreszeit. So entsteht über das Schuljahr hinweg ein bunter Bilder- und Gedichte-Reigen – eingescannt oder abfotografiert eine bleibende Erinnerung für jedes Kind.
- Bilder und Texte können die Kinder selbst im Internet oder in der Bücherei recherchieren und zusammenstellen.

Name: Klasse: Datum:

Meine Winterlandschaft

Mein Gedicht

_____

_____

_____

_____

_____

_____

_____

_____

_____

Mein Bild

Mit (fast) allen Sinnen wahrnehmen – „MitterNachtsSpiel" (CD-ROM)

(alle Jahrgangsstufen)

Multimediale Medien fordern eine komplexe, auch kreative Wahrnehmungsfähigkeit

Multimediale Medien können – im günstigen Fall – virtuelle Welten eröffnen, die die Sinne auf eine ganz spezifische Art ansprechen und eine komplexe Wahrnehmungsaktivität fordern; sie sprengen die Rolle des „nur" Betrachters und bedürfen der mitgestaltenden Aktivität und Kreativität. In der modernen Kunst ist das, etwa in Installationen oder in Performances, schon lange ein Thema.

Tatsächlich gibt es hochkünstlerische CD-ROMs, die Kindern (und Erwachsenen) überraschende Vorstellungsräume eröffnen und den Computer zum Spielplatz im positiven Wortsinne werden lassen. So ist beispielsweise Kvéta Pacovská schon vor über zehn Jahren eine wunderbare Umsetzung ihres Bilderbuches „MitterNachtsSpiel" (Neugebauer 1992) gelungen. Die CD-ROM „MitterNachtsSpiel. Der KreativSpielplatz" (Tivola 1999) ist ein Genuss für Augen und Ohren und ein Beleg dafür, dass es auch im kommerziellen multimedialen Segment Produkte gibt, die ästhetischen Ansprüchen genügen. In den spektakulär einfach animierten Spielideen geht es eigentlich „nur" um Farben, Formen und Musik, die vom Spieler auf immer neue Weise entlockt, variiert und kombiniert werden können.

Das Mitternachtsspiel beginnt mit einem Clip, in dem ein Spot Schlaglichter auf ein schlafendes Theater wirft. Aus der folgenden überbordenden Fülle an Spielideen wählt man eher zufällig aus, denn die anklickbaren Flächen und Formen bieten nur selten Hinweise darauf, was sich dahinter verbirgt. Auch die Bedienerführung geschieht intuitiv, durch Ausprobieren, was die Sache zu einem spannenden Erlebnis werden lässt: Man weiß vorher nie, was passiert.

Besonders beeindruckend ist beispielsweise ein Spiel, das nur eine dunkle, braunschwarze Fläche präsentiert, auf der mittig ein Figurenkopf gezeichnet ist. Hier ist es entscheidend – und wann bietet oder verlangt ein Spiel auf CD-ROM so etwas? –, den Mauszeiger langsam über die Fläche zu ziehen und auch einmal innezuhalten – denn nur so entstehen wie von Zauberhand ein trommelnder Clown, ein pochendes Herz, eine Prinzessin usw.

Des Weiteren kann man beispielsweise Lieder hören, deren Melodien und Stimmen man selbst kombiniert, kann Rhythmen ausprobieren, Farben und Formen entwerfen, zeichnen, mit Formen jonglieren, einen roten Punkt mit einem grünen Punkt über eine Klangspur führen usw.

Zwei Details sind noch erwähnenswert: Der Cursor verändert sein Aussehen bei jedem Spiel und auch innerhalb der Spiele, je zur Auswahl passend; wie man ein Spiel verlässt und zum nächsten kommt, kann nur intuitiv erfasst werden, es gibt keine Zurück- oder Weiter-Schaltfläche.

Mögliche Anschlussaufgaben

- Kinder präsentieren CD-ROMs, mit denen sie daheim umgehen. (Eventuell ergibt sich die Chance zur Medienerziehung, insbesondere bei Produkten, die vorzüglich von Jungen mitgebracht werden.)
- gemeinsam in der Stadtbücherei CD-ROMs sichten, entleihen, schriftlich präsentieren

Lügengeschichte – Baron Münchhausen

(2.–4. Jahrgangsstufe)

Standardbezug

Lesen – mit Texten und Medien umgehen
über Lesefähigkeiten verfügen
- altersgemäße Texte sinnverstehend lesen,
- lebendige Vorstellungen beim Lesen und Hören literarischer Texte entwickeln.

über Leseerfahrungen verfügen
- Erzähltexte, lyrische und szenische Texte kennen und unterscheiden,
- Kinderliteratur kennen: Werke, Autoren und Autorinnen, Figuren, Handlungen.

Texte erschließen
- eigene Gedanken zu Texten entwickeln, zu Texten Stellung nehmen und mit anderen über Texte sprechen,
- bei der Beschäftigung mit literarischen Texten Sensibilität und Verständnis für Gedanken und Gefühle und zwischenmenschliche Beziehungen zeigen.

Lügengeschichten werden zur Freude der Zuhörer erzählt, denn sie transportieren keine Moral oder Belehrung, es geht ausschließlich um das Unwahrscheinliche, Unwahre – und jeder weiß, dass die Geschichte nicht wahr ist. Charakteristisch für Lügengeschichten ist die Ich-Form.

Das Modell hat zwei Hauptrichtungen: Zum einen sollen sich die Kinder Gedanken darüber machen, was lügen denn eigentlich heißt. Zum anderen wird durch ein produktives Verfahren etwas gefordert, was zu den vorrangigen Zielen des (Literatur-)Unterrichts gehört und eine unabdingbare soziale Kompetenz ist: Perspektivenübernahme, Hineinversetzen, Empathie.

Wird in Lügengeschichten wirklich gelogen?

Der Wetterbericht sagt für Dienstag Regen vorher. Am Dienstag bleibt alles trocken. *Hat der Wetterbericht gelogen?*

Mark schickt Gerti eine SMS: „Viel Glück bei deiner Probe!" Jeder weiß, dass Mark Gerti nicht leiden kann. *Hat Mark gelogen?*

Murat erzählt, Tina habe ihm gesagt, ihr neues Fahrrad habe 400 Euro gekostet. Tina hat aber gar kein Fahrrad. *Hat Murat gelogen? Hat Tina gelogen?*

Sarah rechnet: „81 geteilt durch 9 ist gleich 8." *Hat sie gelogen?*

Paul stellt David ein Bein. Er sagt: „Ich war das nicht! Entschuldigung!" *Hat Paul gelogen?*

Erich Kästner erzählt die Lügengeschichten von Baron Münchhausen. *Lügt Baron Münchhausen? Lügt Erich Kästner?*

usw.

Als Lesetexte eignen sich besonders gut die Erzählungen von Erich Kästner, wie beispielsweise:

- Münchhausen zieht sich selbst aus dem Morast
- Der Ritt
- Münchhausen auf dem Mond

Die Kinder haben nach der Lektüre die Aufgabe, sich als Münchhausen zu präsentieren, die Lügengeschichte also in der Ich-Form den anderen überzeugend zu erzählen. Sie leiten ihre Geschichte ein mit: „Nun lauschet, Freunde, was ich euch zu berichten habe. Ich erzähle euch von wundersamen, aber wahren Erlebnissen. Ich, Baron von Münchhausen, ..."

Mögliche Anschlussaufgaben
- Die Begriffe beim Nachdenken darüber, was denn lügen ist, bieten sich zur Weiterarbeit im Bereich Sprache untersuchen an (Wortfeldarbeit).
- Wörter wie „schwindeln", „schummeln", „prahlen" usw. können schriftlich erklärt, umschrieben oder durch Beispiele verdeutlicht werden (Erweiterung des aktiven und passiven Wortschatzes).

Märchen – Entwickeln einer prototypischen Vorstellung

(3./4. Jahrgangsstufe)

Standardbezug

Lesen – mit Texten und Medien umgehen

über Lesefähigkeiten verfügen
- altersgemäße Texte sinnverstehend lesen,
- lebendige Vorstellungen beim Lesen und Hören literarischer Texte entwickeln.

über Leseerfahrungen verfügen
- Erzähltexte, lyrische und szenische Texte kennen und unterscheiden,
- Kinderliteratur kennen: Werke, Autoren und Autorinnen, Figuren, Handlungen.

Texte erschließen
- Texte genau lesen,
- eigene Gedanken zu Texten entwickeln, zu Texten Stellung nehmen und mit anderen über Texte sprechen,
- bei der Beschäftigung mit literarischen Texten Sensibilität und Verständnis für Gedanken und Gefühle und zwischenmenschliche Beziehungen zeigen,
- Unterschiede und Gemeinsamkeiten von Texten finden.

Märchen sprechen den Menschen ganzheitlich an, fordern Kognition und Emotion

Märchen sprechen den Menschen ganzheitlich an und fordern Kognition und Emotion, weil Formelhaftes, Einzelelemente und Erzähltes mit Gefühlen und mit bildhaften Vorstellungen (Imaginationen) vernetzt werden. Außerdem verfügen Märchen über eine günstige Struktur für eine optimale Speicherung und Reproduktion der Inhalte. Das liegt begründet im ursprünglichen Zwang zur mündlichen Weitergabe und führte zu den typischen Strukturgerüsten und Märchenmerkmalen, denen die Brüder Grimm auch bei der Verschriftlichung gefolgt sind. Aus diesem Grund haben Märchen eine besondere Bedeutung für das Lesenlernen der Kinder und die Entwicklung entsprechender Fähigkeiten. Sie bieten als Textsorte einen für das Lesen und Verstehen des Textes wichtigen Wiedererkennungswert, der sich in verschiedenen Bereichen vollzieht:

„Der Leser erinnert sich an die erfahrenen Emotionen, die positiv besetzt sind. Er denkt an Gehörtes, Gesehenes, Erlebtes und bringt das mit dem neuen Märchen in Beziehung. Der Leser hat erlebt, dass die Geschichten mit ihm selbst zu tun haben und sein Ich stärken, ihm zeigen, dass die Kleinen und Schwachen am Ende erfolgreich sein können, dass das Leben zwar Gefahren bereithält, die er aber zu meistern vermag. [...] Das Vorausgedachte bestätigt sich oder tritt variiert und deshalb erkennbar in der Variation auf. Diese mehrstellige Beziehung zwischen dem Leser und dem Text motiviert die Kinder zum Lesen. Motivation aber ist der Schlüssel zum Lesenlernen und zur Verbesserung der Lesefähigkeit der Kinder, was die PISA-Studie in der Charakterisierung der Aspekte, die die Lesekompetenz beeinflussen, leider außer Acht gelassen hat." (SCHULZ 2005, S. 13 f.)

Märchen gehören zur Epik, zur erzählenden Literatur. Voraussetzung für das Erzählen ist das Erzählenswerte, das Besondere, das, was die Aufmerksamkeit der Zuhörer erregt. Märchen erzählen von außerordentlichen Begebenheiten und sind (auch zukünftig?) Teil des unverlierbaren Besitzes eines Volkes, Teil des kollektiven Gedächtnisses.

Die Einheit hat zwei Schwerpunkte: das Lesen und das Erzählen. Dass beides untrennbar mit der Gattung Märchen verknüpft ist, ist auch unter fachwissenschaftlicher und fachdidaktischer Perspektive evident.

Keinesfalls geht es um die Analyse der Gattung Märchen oder darum, ihre Merkmale herauszupräparieren. Die Einheit will vielmehr einen Beitrag zu dem leisten, was unter konstruktivistischer Perspektive als individuelle „prototypische Vorstellung" bezeichnet wird: Hier eben die prototypische Vorstellung davon, was ein Märchen ist. Der Aufbau dieser Vorstellung gelingt dem Kind umso aspektreicher und nachhaltiger, je mehr Texte dieser Gattung es auf verschiedenen Wegen kennenlernt. (Im Modell „nur" durch das Lesen und Erzählen, im Rahmen einer Sequenz natürlich noch als Bearbeitungen in Form von Hörspiel oder Film, als interaktive Software usw.)

Erfolgreich erprobt ist folgendes Vorgehen:

Die Tische stehen an den Seiten. Die Märchentexte (Kopiervorlagen siehe S. 96–101) liegen aus, je einer auf einem Stuhl oder Tisch; am Stuhlrücken oder Tisch ist der jeweilige Titel des Märchens (Kopiervorlage siehe S. 94) befestigt. Günstigerweise stehen die Stühle bereits im Halbkreis, sie lassen sich dann leicht zum (später benötigten) Kreis umstellen. Das Zimmer bietet aber zusätzlich Möglichkeiten, sich an einen Tisch zu setzen, um etwa das Leseblatt abzulegen oder die Notizen anzufertigen.

Die Einheit beginnt unmittelbar mit der Präsentation des folgenden *advanced organizers* auf Folie (vgl. dazu auch S. 28 f.: „Über das eigene Lernen sprechen").

Das weitere Procedere ist damit für alle klar, die komplette Arbeitsphase sollte 25–30 Minuten nicht übersteigen.

1. **Informieren:**
   Was gibt es denn alles?
2. **Auswählen:**
   mindestens drei Märchen lesen
3. **Entscheiden:**
   Welches Märchen gefällt mir so gut, dass ich es erzählen will?
4. **Vorbereiten:**
   Stichpunkte für das Erzählen auf ein Redekärtchen notieren
5. **Erzählen erproben:**
   Zwei Partner erzählen sich abwechselnd ihr Märchen.
6. **Erzählen:**
   vor der ganzen Klasse erzählen

Sind die Punkte 1.–5. durchlaufen, setzt sich die Klasse im Stuhlkreis zusammen. Die Illustrationen zu den Märchen (Kopiervorlage siehe S. 95) haben doppelte Funktion: Zum einen sollen die Kinder sie den Texten zuordnen (= Sicherung, denn das kann man nur, wenn man den Text kennt; zwei Bilder sind überschüssig), zum anderen sind die Bilder ein Impuls, durch den die Kinder automatisch den Inhalt des zugehörigen Märchens abrufen, bei vielen schon in der eigenen Erzählversion. Situativ kann die Lehrkraft ein Kind, das richtig zuordnet, fragen, ob es sich zutraut, das Märchen zu erzählen – falls es dieses gewählt hat. Das erzählende Kind nimmt auf einem besonderen Stuhl Platz, der vorher in den Kreis gestellt wird. Und weil nicht alle Kinder alles (vertieft) gelesen haben, haben die Erzählungen durchaus Neuigkeitscharakter.

In Ansätzen soll metakommunikativ das Erzählen Einzelner reflektiert werden: „Wie hat … erzählt?" – also beschreiben statt simpler Meinungsäußerung (gut/schlecht); ebenso sollte über die Art und den Sinn der selbst erstellten Notizen gesprochen werden: „Wie hast du notiert? Warum so?"

Welche Kriterien wurden zur Auswahl der Texte angelegt?

- relative Kürze
- Verstehbarkeit („mittlere Komplexität"; nach Norbert Groeben ein mehr-
  stelliger Relationsbegriff, der immer eine Beziehung zwischen einem
  konkreten Text und einem konkreten Leser bezeichnet, wobei unter der
  Komplexität inhaltliche wie formale Aspekte zu fassen sind, die ebenfalls
  wieder interindividuell ganz unterschiedlich ausgebildet sein können.
  Welches objektive Komplexitätsniveau vom einzelnen Leser als mittleres
  empfunden wird, hängt in erster Linie von seiner kognitiven Entwicklung und seinen Kompetenzen ab.)
- Erzählbarkeit (in unterschiedlicher Ausprägung)
- Variation (Volks- und Kunstmärchen, europäische Märchen) und Viel-
  falt (Themen, Motive usw.)
- Illustration

Material

- Märchentexte (DIN A4) à 20 Stück kopiert (bei einem Text fehlt absicht-
  lich das Zeilenlineal – falls ein Kind das entdeckt, ein Impuls zum Nach-
  denken über dessen Sinn und Zweck)
- Märchentitel für Stuhlrücken (auf farbigem Papier)
- Folie *advanced organizer* (oder Tafelanschrieb)
- Illustrationen (DIN A4), (mindestens) zweifach
- Notizkarten (DIN A6; absichtsvoll so klein, damit die Kinder möglichst
  knapp notieren und nicht etwa alles abschreiben)

Das Hirtenbüblein

Brüder Grimm

Dieser Kerl

Englisches Volksmärchen

Die Prinzessin auf der Erbse

Hans Christian Andersen

Die drei Brüder

Brüder Grimm

Das Kätzchen auf Dovre

Norwegisches Volksmärchen

Der faule Jack

Joseph Jacobs

Das Hirtenbüblein
BRÜDER GRIMM

1   Es war einmal ein Hirtenbüblein, das war wegen seiner weisen Antworten, die es auf alle Fragen gab, weit und breit berühmt. Der König des Landes hörte auch davon, glaubte es nicht und ließ das Bübchen kommen.

5   Da sprach er zu ihm: „Kannst du mir auf drei Fragen, die ich dir vorlegen will, Antwort geben, so will ich dich ansehen wie mein eigen Kind, und du sollst bei mir in meinem königlichen Schloss wohnen." Sprach das Büblein: „Wie lauten die drei Fragen?"

Der König sagte: „Die erste lautet: Wie viel Tropfen Wasser sind
10   in dem Weltmeer?" Das Hirtenbüblein antwortete: „Herr König, lasst alle Flüsse auf der Erde verstopfen, damit kein Tröpflein mehr daraus ins Meer läuft, das ich nicht erst gezählt habe, so will ich Euch sagen, wie viel Tropfen im Meere sind."

Sprach der König: „Die andere Frage lautet: Wie viel Sterne ste-
15   hen am Himmel?" Das Hirtenbüblein sagte: „Gebt mir einen gro-ßen Bogen weißes Papier." Und dann machte es mit der Feder so viel feine Punkte darauf, dass sie kaum zu sehen und fast gar nicht zu zählen waren und einem die Augen vergingen, wenn man da-rauf blickte. Darauf sprach es: „So viel Sterne stehen am Himmel
20   als hier Punkte auf dem Papier, zählt sie nur." Aber niemand war dazu imstand.

Sprach der König: „Die dritte Frage lautet: Wie viel Sekunden hat die Ewigkeit?" Da sagte das Hirtenbüblein: „In Hinterpommern liegt der Demantberg, der hat eine Stunde in die Höhe, eine Stun-
25   de in die Breite und eine Stunde in die Tiefe; dahin kommt alle hundert Jahr ein Vöglein und wetzt sein Schnäbelein daran, und wenn der ganze Berg abgewetzt ist, dann ist die erste Sekunde von der Ewigkeit vorbei."

Sprach der König: „Du hast die drei Fragen aufgelöst wie ein Wei-
30   ser und sollst fortan bei mir in meinem königlichen Schlosse wohnen, und ich will dich ansehen wie mein eigenes Kind."

(Aus: Kinder- und Hausmärchen gesammelt durch die BRÜDER GRIMM *(1990).*
Winkler: München)

Dieser Kerl
ENGLISCHES VOLKSMÄRCHEN

1   Wie ich eines Tages die Straße entlangging, sah ich diesen Kerl
mir entgegenkommen, und weißt du, ich hätte schwören können,
er war's, und weißt du, er hätte schwören können, ich war's.

Wir kamen einander näher, und ich war ganz sicher, er war's, und
5   er war ganz sicher, ich war's.

Wir kamen noch näher, und ich war verdammt sicher, er war's,
und er war verdammt sicher, ich war's.

Wie wir nur noch ein paar Meter auseinander waren, war ich
vollkommen überzeugt, er war's, und er war vollkommen über-
10   zeugt, ich war's.

Und weißt du, was, wie wir nebeneinanderstehen, da war's keiner
von uns!

(Aus: STICH, CHR. (Hrsg.) (1987): Das große Märchenbuch.
Die schönsten Märchen aus ganz Europa.
Mit Illustrationen von Tatjana Hauptmann.
Diogenes Verlag AG: Zürich)

Die Prinzessin auf der Erbse
Hans Christian Andersen

1 Es war einmal ein Prinz, der wollte eine Prinzessin heiraten, aber
es sollte eine wirkliche Prinzessin sein. Nun reiste er in der ganzen Welt umher, um eine solche zu finden, aber überall war etwas
im Wege. Prinzessinnen waren schon genug da, aber ob es auch
5 wirkliche Prinzessinnen waren, dahinter konnte er durchaus
nicht kommen: Immer war da etwas, was nicht stimmte. So kam
er denn wieder nach Hause und war ganz betrübt, denn er wollte
so gern eine wirkliche Prinzessin haben.

Eines Abends gab es ein furchtbares Unwetter; es blitzte und don-
10 nerte, der Regen strömte hernieder, es war geradezu entsetzlich.
Da klopfte es an das Stadttor, und der alte König ging hin, um zu
öffnen. Es war eine Prinzessin, die draußen stand. Aber, mein
Gott, wie sah sie von dem Regen und dem bösen Wetter aus! Das
Wasser triefte ihr von den Haaren und Kleidern herunter und lief
15 in die Schuhspitzen hinein und aus den Hacken wieder heraus,
und sie sagte, sie sei eine wirkliche Prinzessin. „Nun, das wollen
wir bald genug herausbekommen!“, dachte die alte Königin, sagte
aber nichts, ging in das Schlafzimmer, nahm alles Bettzeug ab
und legte eine Erbse auf den Boden der Bettstelle. Darauf nahm
20 sie zwanzig Matratzen, legte sie auf die Erbse und dann noch
zwanzig Eiderdaunenbetten oben auf die Matratzen. Da sollte die
Prinzessin nun des Nachts liegen.

Am Morgen fragte man sie, wie sie geschlafen habe. „Oh, entsetzlich schlecht!“, sagte die Prinzessin. „Ich habe fast die ganze Nacht
25 kein Auge zutun können! Gott weiß, was in meinem Bett gewesen
ist? Ich habe auf etwas Hartem gelegen, sodass ich am ganzen
Körper braun und blau bin! Es ist wahrhaft entsetzlich!“ Daran
konnte man denn sehen, dass sie eine wirkliche Prinzessin war, da
sie durch die zwanzig Matratzen und die zwanzig Eiderdaunen-
30 betten die Erbse gespürt hatte.

So feinfühlig konnte nur eine wirkliche Prinzessin sein! Da nahm
der Prinz sie zur Frau, denn nun wusste er, dass er eine wirkliche
Prinzessin hatte, und die Erbse kam in das Kunstkabinett, wo sie
noch zu sehen ist, wenn niemand sie gestohlen hat. Seht, das war
35 eine wahre Geschichte.

(Aus: Stich, Chr. (Hrsg.) (1987): Das große Märchenbuch. Die schönsten Märchen aus ganz Europa.
Mit Illustrationen von Tatjana Hauptmann. Diogenes Verlag AG: Zürich)

Die drei Brüder

Brüder Grimm

1   Es war ein Mann, der hatte drei Söhne und weiter nichts im Vermögen als das Haus,
worin er wohnte. Nun hätte jeder gerne nach seinem Tode das Haus gehabt, dem Vater
war aber einer so lieb als der andere, da wusste er nicht, wie er's anfangen sollte, dass er
keinem zu nahe trät; verkaufen wollte er das Haus auch nicht, weil's von seinen Voreltern
5   war, sonst hätte er das Geld unter ihnen geteilt. Da fiel ihm endlich ein Rat ein, und er
sprach zu seinen Söhnen: „Geht in die Welt und versucht euch, und lerne jeder sein
Handwerk, wenn ihr dann wiederkommt, wer das beste Meisterstück macht, der soll das
Haus haben.“

Das waren die Söhne zufrieden, und der älteste wollte ein Hufschmied, der zweite ein
10   Barbier, der dritte aber ein Fechtmeister werden. Darauf bestimmten sie eine Zeit, wo sie
wieder nach Haus zusammenkommen wollten, und zogen fort. Es traf sich auch, dass
jeder einen tüchtigen Meister fand, wo er was Rechtschaffenes lernte. Der Schmied
musste des Königs Pferde beschlagen und dachte: „Nun kann dir's nicht fehlen, du
kriegst das Haus.“ Der Barbier rasierte lauter vornehme Herren und meinte auch, das
15   Haus wäre schon dein. Der Fechtmeister kriegte manchen Hieb, biss aber die Zähne zusammen und ließ sich's nicht verdrießen, denn er dachte bei sich: „Fürchtest du dich vor
einem Hieb, so kriegst du das Haus nimmermehr.“ Als nun die gesetzte Zeit herum war,
kamen sie bei ihrem Vater wieder zusammen: Sie wussten aber nicht, wie sie die beste
Gelegenheit finden sollten, ihre Kunst zu zeigen, saßen beisammen und ratschlagten.
20   Wie sie so saßen, kam auf einmal ein Hase übers Feld dahergelaufen. „Ei“, sagte der Barbier, „der kommt wie gerufen!“, nahm Becken und Seife, schaumte so lange, bis der Hase
in die Nähe kam, dann seifte er ihn in vollem Laufe ein und rasierte ihm auch in vollem
Laufe ein Stutzbärtchen, dabei schnitt er ihn nicht und tat ihm an keinem Haare
weh. „Das gefällt mir“, sagte der Vater, „wenn sich die andern nicht gewaltig angreifen, so
25   ist das Haus dein.“ Es währte nicht lang, so kam ein Herr in einem Wagen dahergerannt
in vollem Jagen. „Nun sollt ihr sehen, Vater, was ich kann“, sprach der Hufschmied,
sprang dem Wagen nach, riss dem Pferd, das in einem fortjagte, die vier Hufeisen ab und
schlug ihm auch im Jagen vier neue wieder an. „Du bist ein ganzer Kerl“, sprach der Vater, „du machst deine Sachen so gut wie dein Bruder; ich weiß nicht, wem ich das Haus
30   geben soll.“ Da sprach der dritte: „Vater, lasst mich auch einmal gewähren“, und weil es
anfing zu regnen, zog er seinen Degen und schwenkte ihn in Kreuzhieben über seinen
Kopf, dass kein Tropfen auf ihn fiel; und als der Regen stärker ward und endlich so stark,
als ob man mit Mulden vom Himmel gösse, schwang er den Degen immer schneller und
blieb so trocken, als säß' er unter Dach und Fach. Wie der Vater das sah, erstaunte er und
35   sprach: „Du hast das beste Meisterstück gemacht, das Haus ist dein.“

Die beiden andern Brüder waren damit zufrieden, wie sie vorher gelobt hatten, und weil
sie einander so lieb hatten, blieben sie alle drei zusammen im Haus und trieben ihr
Handwerk; und da sie so gut ausgelernt hatten und so geschickt waren, verdienten sie viel
Geld. So lebten sie vergnügt bis in ihr Alter zusammen, und als der eine krank ward und
40   starb, grämten sich die zwei anderen so sehr darüber, dass sie auch krank wurden und
bald starben. Da wurden sie, weil sie so geschickt gewesen waren und sich so lieb gehabt
hatten, alle drei zusammen in ein Grab gelegt.

(Aus: Kinder- und Hausmärchen gesammelt durch die Brüder Grimm *(1990). Winkler: München)*

Das Kätzchen auf Dovre
NORWEGISCHES VOLKSMÄRCHEN

Es war einmal ein Mann oben in Finmarken, der hatte einen großen weißen Bären gefangen, den wollte er dem König von Däne-
mark bringen. Nun traf es sich, dass er grade am Weihnachtsabend zum Dovrefjeld kam, und da ging er in ein Haus, wo ein
Mann wohnte, der Halvor hieß; den bat er um Nachtquartier für
sich und seinen Bären.

„Ach, Gott helf mir!", sagte der Mann. „Wie sollt ich jemandem
Nachtquartier geben können! Jeden Weihnachtsabend kommen
hier so viele Trolle, dass ich mit den Meinigen ausziehen muss
und selber nicht einmal ein Dach über dem Kopf habe."

„Oh, Ihr könnt mich trotzdem beherbergen", sagte der Mann,
„denn mein Bär kann hier hinter dem Ofen liegen, und ich lege
mich unter das Bett."

Halvor hatte nichts dagegen, zog aber selbst mit seinen Leuten
aus, nachdem er zuvor gehörig für die Trolle hatte zurichten lassen: Die Tische waren besetzt mit Reisbrei, Stockfischen, Wurst
und was sonst zu einem herrlichen Gastschmaus gehört.

Bald darauf kamen die Trolle an; einige waren groß, andre klein;
einige langgeschwänzt, andre ohne Schwanz; und einige hatten
ungeheuer lange Nasen, und alle aßen und tranken und waren
guter Dinge. Da erblickte einer von den jungen Trollen den Bären,
der hinter den Ofen lag, steckte ein Stückchen Wurst an die Gabel
und hielt es dem Bären vor die Nase. „Kätzchen, magst auch ein
Stück Wurst?", sagte er. Da fuhr der Bär auf, fing fürchterlich an zu
brummen und jagte sie alle, Groß und Klein, aus dem Haus.

Das Jahr darauf war Halvor eines Nachmittags im Wald und hack-
te Holz; denn bald war Weihnachten, und er erwartete wieder
Trolle. Da hörte er es plötzlich im Wald rufen: „Halvor! Halvor!" –
„Ja!", sagte Halvor. „Hast du die große Katze noch?" – „Ja", sagte
Halvor, „sie hat jetzt sieben Junge, die sind noch viel größer und
böser als sie." – „Dann kommen wir niemals wieder zu dir!", rief
der Troll im Walde. Und von der Zeit an haben die Trolle nie wieder den Weihnachtsbrei bei Halvor auf Dovre gegessen.

(Aus: STICH, CHR. (Hrsg.) (1987): Das große Märchenbuch.
Die schönsten Märchen aus ganz Europa.
Mit Illustrationen von Tatjana Hauptmann. Diogenes Verlag AG: Zürich)

Der faule Jack

Joseph Jacobs

1 Es war einmal ein Knabe, der hieß Jack und lebte zusammen mit seiner Mutter. Sie waren sehr arm, und die alte Frau musste ihr Leben durch Spinnen verdienen, während Jack so faul war, dass er nichts tat. Im Sommer lag er in der Sonne, im Winter auf der Ofenbank. Darum wurde er der faule Jack genannt. Seine Mutter konnte ihn nicht dazu bringen, etwas für sie zu tun, aber
5 schließlich riss ihr die Geduld, und eines Montags sagte sie ihm, sie würde ihn fortjagen, sich sein Brot zu verdienen, wenn er nicht anfinge, für seinen Lebensunterhalt zu arbeiten.
Das rüttelte Jack auf, und er ging aus und verdingte sich für den nächsten Tag bei einem benachbarten Bauern für einen Penny; da er aber niemals zuvor Geld gehabt hatte, verlor er den Penny auf dem Heimweg, als er über eine Brücke ging. „Du dummer Junge“, sagte seine Mutter.
10 „Hättest du ihn doch in deine Tasche gesteckt.“ – „Nächstes Mal werde ich es so machen“, antwortete Jack.
Am Mittwoch ging Jack wieder weg und verdingte sich bei einem Kuhhirten, der gab ihm für seine Arbeit einen Krug Milch. Jack nahm den Krug und steckte ihn in seine große Jackentasche, wo er alles verschüttete, ehe er heimkam. „Lieber Gott!“, sagte die alte Frau. „Du hättest ihn auf
15 dem Kopf tragen sollen.“ – „Nächstes Mal werde ich es so machen“, sagte Jack.
Am Donnerstag verdingte Jack sich wieder bei einem Bauern, der gab ihm für seine Dienste einen Sahnekäse. Am Abend also nahm Jack den Käse und trug ihn auf dem Kopf heim. Bis er nach Hause kam, war der Käse vollständig verdorben. „Du dummer Kerl“, sagte seine Mutter, „du hättest ihn sorgfältig in der Hand tragen sollen.“ – „Nächstes Mal werde ich es so machen“,
20 antwortete Jack.
Am Freitag ging der faule Jack wieder aus und verdingte sich bei einem Bäcker. Der wollte ihm für seine Dienste nichts geben als einen großen Kater. Jack nahm den Kater und trug ihn sorgsam in den Händen fort, aber es dauerte nicht lange, so kratzte ihn der Kater so sehr, dass er ihn laufen lassen musste. Als er heimkam, sagte seine Mutter zu ihm: „Du Tölpel, du hättest ihn an einen
25 Strick binden sollen und hinter dir herziehen.“ – „Nächstes Mal werde ich es so machen“, sagte Jack.
Am Sonnabend nun verdingte sich Jack bei einem Metzger, der gab ihm zum Lohne eine schöne Hammelkeule. Jack nahm die Keule, band sie an einen Strick und zog sie hinter sich her durch den Schmutz, sodass das Fleisch vollständig verdorben war, bis er heimkam. Dieses Mal riss der
30 Mutter die Geduld, denn der nächste Tag war ein Sonntag und statt des schönen Bratens blieb ihr nichts anderes übrig, als Kohl zu kochen. „Du vernagelter Trottel“, sagte sie zu ihrem Sohn, „du hättest das Fleisch auf deiner Schulter tragen müssen.“ – „Nächstes Mal werde ich es so machen“, erwiderte Jack.
Am nächsten Morgen ging der faule Jack wieder aus und verdingte sich bei einem Viehhändler,
35 der ihm für seine Mühe einen Esel gab. Jack fand es sehr beschwerlich, den Esel auf seine Schulter zu heben, aber zuletzt gelang es ihm doch, und er ging langsam heim mit seinem Lohn. Nun begab es sich, dass an dem Weg, den er einschlug, ein reicher Mann wohnte; der hatte eine einzige Tochter, ein schönes Mädchen, das aber taub und stumm war. Sie hatte noch niemals in ihrem Leben gelacht, und die Ärzte sagten, dass sie nicht eher sprechen würde, bis es jemand gelänge,
40 sie zum Lachen zu bringen. Nun sah das junge Mädchen gerade zum Fenster hinaus, als Jack vorüberging mit dem Esel auf der Schulter, der die Beine in die Luft streckte. Und dieser Anblick war so komisch und sonderbar, dass sie in ein großes Gelächter ausbrach und augenblicklich Sprache und Gehör wiederfand. Ihr Vater war überglücklich und erfüllte sein Versprechen, indem er sie dem faulen Jack zur Frau gab; so wurde der ein reicher Mann. Sie lebten in ei-
45 nem großen Haus, und Jacks Mutter mit ihnen, glücklich und zufrieden, bis sie starben.

(Aus: Stich, Chr. (Hrsg.) (1987): Das große Märchenbuch. Die schönsten Märchen aus ganz Europa.
Mit Illustrationen von Tatjana Hauptmann. Diogenes Verlag AG: Zürich)

Schwank – Produktiv und interkulturell: Till Eulenspiegel & Co.

(3./4. Jahrgangsstufe)

Standardbezug

Lesen – mit Texten und Medien umgehen

über Lesefähigkeiten verfügen
- altersgemäße Texte sinnverstehend lesen,
- lebendige Vorstellungen beim Lesen und Hören literarischer Texte entwickeln.

über Leseerfahrungen verfügen
- Erzähltexte, lyrische und szenische Texte kennen und unterscheiden,
- Kinderliteratur kennen: Werke, Autoren und Autorinnen, Figuren, Handlungen,
- sich in einer Bücherei orientieren,
- Angebote in Zeitungen und Zeitschriften, in Hörfunk und Fernsehen, auf Ton- und Bildträgern sowie im Netz kennen, nutzen und begründet auswählen,
- Informationen in Druck – und – wenn vorhanden – elektronischen Medien suchen.

Texte erschließen
- handelnd mit Texten umgehen: z. B. illustrieren, inszenieren, umgestalten, collagieren.

Texte präsentieren
- verschiedene Medien für Präsentationen nutzen.

Epische Kleinformen für den produktiv-handelnden Umgang und den Prozess des Erzählens nutzen

Epische Kleinformen spielen im Literaturunterricht nicht mehr die tragende Rolle und werden leider oft nur unter gattungsspezifischen Fragestellungen behandelt. Dabei bieten sie sich zum einen geradezu für einen produktiven und handelnden Umgang an, der den Kindern Raum für individuelle Sichtweisen bietet; zum anderen vermögen sie eine den Kindern je eigene Bilderwelt zu evozieren. Dies jedoch sollte nicht nur auf die Lektüre folgend in schöpferisches Tun münden („Nun darfst du dazu ein Bild malen!"), sondern das schülerzentrierte schöpferische Tun kann auch vorgeschaltet und später in den Prozess des Erzählens/Lesens integriert werden. Das gelingt umso besser, je länger der Text ist, weil sich mehr Anknüpfungspunkte und unterschiedliche Möglichkeiten ergeben.

Das kurze Modell geht den Weg der produktiven Vorbereitung. Bevor die Kinder den Schwank „Till Eulenspiegel hat Durst" (siehe S. 104) erzählt bzw. vorgelesen bekommen, erhalten sie (mit Blick auf die eigene Klasse natürlich veränderbare) Arbeitsaufträge, mit denen sie sich auseinandersetzen. Die Aufträge werden doppelt oder dreifach vergeben; es lassen sich so drei alternative Durchgänge mit je anderen Kindern realisieren.

1	Kennst du Till Eulenspiegel? Wie könnte er aussehen? Male ein Bild.
2	Wie lässt sich die volle Flasche am besten am Körper verstecken? Du musst mindestens einmal in Kreis laufen können, ohne dass man die Flasche sieht oder sie hinunterfällt. Die leere Flasche hältst du in der Hand.
3	Jemand will dich betrügen. Du schreist: „Und wer wird zahlen?" Probiert das aus. Wie sieht jemand aus, der schreit? Probiert das ebenfalls aus.
4	Jemand will dich betrügen. Du schreist: „Nichts da! Du zahlst auf der Stelle!" Probiert das aus. Wie sieht jemand aus, der richtig böse ist? Probiert das ebenfalls aus.

Anmerkungen:

zu 1: Die Aufgabe ruft ab, was für ein Bild die Kinder von Till im Kopf haben (Narrenkappe, verschmitztes Grinsen usw.). Es wird zum Einstieg in die Kreismitte gelegt.

zu 2: kleine PET-Wasserflaschen (eine voll, eine leer) mitbringen

zu 3: bewusster Einsatz von Sprache und Mimik/Gestik

zu 4: bewusster Einsatz von Sprache und Mimik/Gestik

Die Aufgaben werden im Klassenzimmer verteilt, die Schüler bilden zur Bearbeitung (Partner-)Gruppen. Nach etwa sieben bis zehn Minuten kommen alle in einem Sitzkreis zusammen, die Kinder nehmen ihre Notizen, Bilder usw. mit. Die erste Gruppe legt ihr Bild in die Kreismitte und beginnt zu erzählen, was sie gemalt hat, die Lehrerin klinkt sich an passender Stelle mit dem Anfang des Schwanks ein. Im Verlauf des Erzählens bzw. Vorlesens schalten sich die anderen Gruppen auf ein Zeichen hin an den entsprechenden Stellen ein und präsentieren ihre Ergebnisse der Aufgaben 2 bis 4.

Abgerundet wird die Einheit mit einer Sachinformation zum Schwank, die vorerst einfach so stehenbleibt:

Schwank

Der Schwank ist eine Art lustige Geschichte. Bekannt sind die Geschichten von den Schildbürgern oder eben von Till Eulenspiegel. In einem Schwank wird oft ein Mächtiger durch einen listigen Schwachen verspottet und meistens unterliegt dabei der Mächtige dem Schwachen. Einen ähnlichen Schelm, wie Till Eulenspiegel einer ist, gibt es übrigens auch in der Türkei: Dort heißt er Nasreddin Hodscha.

Eulenspiegel hat Durst

1   Einmal kam der berühmte Schalk Till Eulenspiegel in ein Dorf. Er hatte keinen Kreuzer in der Tasche, dafür aber einen Riesendurst. Es gelang ihm zwar schließlich, zwei Flaschen aufzutreiben, doch beide waren leer, und aus einer leeren Flasche kann man seinen Durst nicht
5   löschen.
Doch Eulenspiegel wusste Rat. Er füllte die eine Flasche mit Wasser, versteckte sie unter seinem Rock, nahm die zweite Flasche in die Hand und ging in eine Schankstube. Er reichte dem als geizig bekannten Schankwirt die leere Flasche und sprach: „Fülle mir diese Flasche mit
10   dem besten Wein, den du hast!" Der Schankwirt schenkte ihm den Wein ein, Eulenspiegel versteckte die Flasche ebenfalls unter seinem Rock und eilte zum Ausgang. „Und wer wird zahlen?", schrie ihn der Schankwirt an.
„Ach, ich werde ein andermal zahlen, heute habe ich kein Geld."
15   „Das kenne ich schon, das kann ein jeder. Ich geb dir den Wein auf Borg, und dann sehe ich dich nie wieder."
„Hab nur keine Angst!", beruhigte ihn Eulenspiegel. „Morgen will ich dir das Geld bringen."
„Nichts da! Du zahlst auf der Stelle, oder du gibst mir den Wein zu-
20   rück!", sagte der Schankwirt und war nun wirklich schon böse.
„Wenn du es nicht anders haben willst", sagte Eulenspiegel und zog unter seinem Rock die Flasche hervor, doch nicht jene mit Wein, sondern die mit Wasser. Der Schankwirt merkte den Schwindel nicht, er nahm die Flasche und schüttete das Wasser in das Fass. Und jene Flasche mit
25   dem Wein leerte Eulenspiegel dann auf das Wohl des dummen, geizigen Schankwirtes.

Kinder staunen und ringen mit ihrer Vorstellungskraft, wenn man ihnen an passender Stelle einen zweiten Text präsentiert und erklärt, dass dieser aus dem 15. Jahrhundert stammt:

Der Wettlauf

ERASMUS VON ROTTERDAM

1   Ein Spaßvogel namens Mackus, der sich in vielen Orten durch seine Schwänke bekannt gemacht hatte, kam an einem kalten Herbsttage in eine Stadt und gedachte, durch ein Schelmenstücklein seine schlechten Schuhe mit einem Paar neuen zu vertauschen. So ging er durch die

5   Straßen, trat endlich in einen Schuhladen und grüßte den Meister freundlich. Der fragte, ob er etwas begehre, und suchte dann ein Paar feine Stiefel aus. Als er sie gefunden hatte, zog er sie dem Kunden gleich an. Und siehe da, sie passten!
Als nun Mackus so hübsch gestiefelt war, sagte er: „Wie schön müssten

10   mir neben diesen Stiefeln ein Paar Schuhe mit doppelten Sohlen stehen!" Der Schuster fragte, ob er auch ein Paar Schuhe wolle; und es wurden auch welche gefunden und anprobiert. Mackus lobte die Stiefel und lobte die Schuhe; der Schuster freute sich heimlich und lobte sie mit, hoffte er doch, desto mehr dafür zu bekommen, weil dem Käufer

15   die Ware so gut gefiel.
Als nun die beiden sich so freundschaftlich unterhielten, sprach endlich Mackus: „Lieber, ist dir niemals widerfahren, dass der, den du so mit Stiefeln und Schuhen zum Laufen ausgerüstet hast, gleich wie du mich jetzt ausgerüstet, auf und davon gegangen ist und nicht bezahlt

20   hat?"
„Niemals", sagte der Schuster.
„Aber wenn dir dies widerführe", sagte Mackus, „was würdest du dann wohl tun?"
„Ich würde ihm nachlaufen", sagte der Schuster.

25   Da sagte Mackus: „Redest du dies im Ernst oder im Scherz?"
„Ich rede es ganz im Ernst", sagte der andere. „Ich würde es auch im Ernst tun."
Mackus sagte: „Ich will es versuchen und sehen, wie du traben kannst, lauf mir nach!" Mit diesen Worten packte er die Schuhe und war mit

30   einem Satz auf der Straße. Der Schuster ließ alles liegen und setzte ihm nach und schrie aus Leibeskräften: „Haltet den Dieb, haltet den Dieb!"

Die Leute stürzten aus Türen und Toren, um dem Schelm den Weg abzusperren. Mackus aber rief ihnen lachend zu: „Gebt die Bahn frei, wir haben eine Wette gemacht, und es gilt ein Fass Bier!"

35 Da traten alle zur Seite und meinten, der Schuster habe sich nur eine List erdacht, um den anderen aufhalten zu lassen und ihn so zu überholen; je ärger er schrie, desto mehr ergötzten sie sich. Endlich blieb er schwitzend und keuchend stehen und kehrte voll Zorn unter dem Gelächter der Zuschauer in seinen Laden zurück, indes Mackus mit Stie-
40 feln und Schuhen den Weg ins Weite suchte.

(Aus: ROTHEMUND, E. *(Hrsg.) (1957): Das goldene Geschichtenbuch.*
Ensslin & Laiblin: Reutlingen)

Mögliche Anschlussaufgaben

- zum Text „Der Wettlauf" von ERASMUS VON ROTTERDAM ein ähnliches Vorgehen konzipieren
- produktiver Literaturunterricht: beim Text „Der Wettlauf" den Schluss offen und von den Kindern komplettieren lassen (Textstelle Z. 35: „Da traten …")
- interkulturelles Lernen: Schelme und Schelmenstreiche gibt es in allen Kulturen; so entspricht im türkischen Kulturkreis etwa Nasreddin Hodscha unserem Eulenspiegel. Kinder mit Migrationshintergrund kennen vielleicht solche Geschichten, erzählen sie, bringen sie mit – in ihrer Sprache und in Deutsch.
- mithilfe einer Internetrecherche eine Fundgrube für lustige Texte (prototypische Vorstellung der epischen Kleinform „Schwank") aufbauen

Sprache und Sprachgebrauch untersuchen

Wortwechsler
(alle Jahrgangsstufen)

Standardbezug

Sprache und Sprachgebrauch untersuchen
an Wörtern, Sätzen, Texten arbeiten
- mit Sprache experimentell und spielerisch umgehen

Es geht im Wortsinne um einen spielerischen Umgang mit Sprache. Der „Wortwechsler" aktiviert den passiven und aktiven Wortschatz der Kinder, schafft dort Verknüpfungen und fördert so das individuelle Sprachvermögen.

Ein Ausgangswort verwandelt sich dabei in ein völlig anderes Zielwort. Pro Schritt darf immer nur ein Buchstabe verändert werden, und es dürfen nur sinnvolle Wörter vorkommen.

Beispiel: Aus „Sonne" wird „Kante":

S	O	N	N	E
T	O	N	N	E
T	A	N	N	E
T	A	N	T	E
K	A	N	T	E

Die Zeilen geben die Anzahl der nötigen Schritte vor.

Erfahrungsgemäß setzen die Kinder, haben sie den „Wortwechsler" erst einmal kennengelernt, alles daran, möglichst schwierige Wortpaare zu finden. So beschäftigen sie sich ohne Aufforderung intensiv und gewinnbringend mit einer Ebene von Sprache – den Wörtern.

Es ist auch möglich, darauf zu verzichten, eine Zeilenanzahl vorzugeben. Das macht die Übung etwas schwieriger.

Der „Wortwechsler" ist ein kooperatives Spiel, es kann aber auch als Wettbewerb gestaltet werden.

Weitere Beispiele für „Wortwechsler" sind etwa:

KRAGEN – TRAGEN – TRAUEN – BRAUEN – BRATEN
WOLKE – WOLLE – WILLE – WILLI – LILLI
DIEBE – LIEBE – LIESE – RIESE – RIEGE – ZIEGE
GABEL – NABEL – NAGEL – NAGER – HAGER
TELLER – TEILER – TEILEN – FEILEN/HEILEN/MEILEN

Mögliche Anschlussaufgabe
- Schon Erstklässler können Wörterpaare finden. Sie übernehmen dann die Leitung „ihres" Spiels.

Wortverstecker – Ich- und Tisch-Wörter
(alle Jahrgangsstufen)

Standardbezug

Schreiben
richtig schreiben
- Rechtschreibhilfen verwenden
  Wörterbuch nutzen.

Sprache und Sprachgebrauch untersuchen
an Wörtern, Sätzen, Texten arbeiten
- Wörter strukturieren und Möglichkeiten der Wortbildung kennen,
- Wörter sammeln und ordnen,
- mit Sprache experimentell und spielerisch umgehen.

Gemeinsamkeiten und Unterschiede von Sprachen entdecken
- Deutsch – Fremdsprache, Dialekt – Standardsprache; Deutsch – Muttersprachen der Kinder mit Migrationshintergrund; Deutsch – Nachbarsprachen.

Eine grundsätzliche Anmerkung: Der Bereich der Grammatik hat im Deutschunterricht über die Jahrzehnte einen fundamentalen Wandel vollzogen, der sich an den jeweils verwendeten Begriffen gut charakterisieren lässt (die Leserin, der Leser wird mir die Zuspitzungen nachsehen):

Sprachlehre: Jemand lehrt mich meine oder in meiner Sprache; so, als ob ich keine Ahnung von ihr hätte, kein Sprachgefühl, kein implizites Wissen; ich empfange Informationen über meine Sprache.

Sprachbetrachtung: Ein Fortschritt, zweifelsohne; man gesteht mir zu, dass ich schon etwas von meiner und über meine Sprache weiß; ich darf sie betrachten, schaue von außen, distanziert, auf meine Sprache; so, als ob sie mich nicht wirklich etwas anginge.

Sprache und Sprachgebrauch untersuchen: Ich gehe tagtäglich mit meiner Muttersprache um, daher verfüge ich über Kompetenzen; allerdings verwende ich sie oft unbewusst, wende implizites Wissen an; es geht nun darum, das Implizite zu explizieren, bewusstzumachen, zu klären, zu aktivieren.

Ein wichtiges Prinzip bei dem zuletzt genannten Aspekt der Bewusstmachung ist das Entdecken. Kinder orientieren sich im großen Bereich der Sprache, entdecken zufällig Phänomene, denen sie nachspüren wollen, werden auf Besonderheiten aufmerksam gemacht, die ihr Interesse wecken.

Das Prinzip des Entdeckens als wichtiger Aspekt, um sich implizites Sprachwissen bewusstzumachen

Ein zugegeben simples Phänomen ist, dass in Wörtern andere Wörter entdeckt werden können. Für Kinder ist das keine Selbstverständlichkeit und spornt sofort ihren Entdeckergeist an. Neben den oben genannten Kompetenzen wird gleichzeitig eine Erweiterung des aktiven und passiven Wortschatzes erreicht; Kinder kommen mit Wörtern in Berührung, die sie vorher nicht kannten oder nicht verwendeten.

Leiten Sie die Sequenz mit der Feststellung ein: „In unserer Sprache gibt es Ich-Wörter" – ein Punkt, kein Ausrufezeichen, erstmal kein Fragezeichen. Dann folgt die Frage: „Kennst du welche?" Der Moment der Verblüffung kann ruhig ausgekostet werden, Zeit zum Nachdenken sollte gegeben werden. Der Weg vom Ich über das Du zum Wir bietet sich an: Ich überlege – ich bespreche mich mit meiner Partnerin bzw. meinem Partner – wir tauschen uns in der Gruppe aus. Und Hilfsmittel haben wir auch.

Ich-Wörter:	**Dich**ter
	Ges**ich**t
	richten
	ber**ich**tigen
	…

Die Komplexität lässt sich erhöhen: „Es gibt auch Tisch-Wörter."
Alle Komposita mit Tisch: **Tisch**bein, **Tisch**fuß …
Aber auch: fantas**tisch**, gigan**tisch**, prak**tisch** …

Mögliche Anschlussaufgaben

- durch Blättern im Wörterbuch weitere „Wortverstecker" entdecken und sammeln:
  - „Tiger-Wörter" (Verknüpfen mit der Komparation): lus**tiger**, fros**tiger**, mu**tiger** ...
  - „Ei-Wörter": zw**ei**, br**ei**t, **Ei**nh**ei**t ...
  - „Eis-Wörter": Pr**eis**, Kr**eis**, Gr**eis**, R**eis**, verr**eis**en, bew**eis**en ...
  - „Leid-Wörter": bek**leid**en, ver**leid**en, B**leid**eckel, K**leid** ...
  - „Stern-Wörter": ge**stern**, aufplu**stern** ...
- klären, ob es dieses Phänomen auch in den anderen Sprachen, die in der Klasse vertreten sind, gibt

Fehlerdetektiv
(alle Jahrgangsstufen)

Standardbezug

Schreiben
richtig schreiben
- über Fehlersensibilität und Rechtschreibgespür verfügen,
- Rechtschreibhilfen verwenden
  Wörterbuch nutzen,
- Arbeitstechniken nutzen
  Texte auf orthografische Richtigkeit überprüfen und korrigieren.

Sprache und Sprachgebrauch untersuchen
an Wörtern, Sätzen, Texten arbeiten
- Wörter sammeln und ordnen,
- mit Sprache experimentell und spielerisch umgehen.

Man muss kein Freund von Bastian Sick sein (Sick, Bastian (2004): Der Dativ ist dem Genitiv sein Tod. Kiepenheuer und Witsch: Köln; es sind außerdem zwei Folgebände erschienen), aber grammatische Fehler und Fehlschreibungen sind im alltäglichen Leben überall präsent: Auf Hinweisschildern, Werbeplakaten sowie in Zeitungsüberschriften lassen sich – oft ungewollt witzige – Fehler entdecken. Diese Fehler können produktiv genutzt werden, das Nachdenken in den Bereichen Grammatik, Syntax und Richtigschreibung zu initiieren und auf diese Weise Lernwirksamkeit zu entfalten:

Schmanker'l

700	Spargelcreme-Süppchen	3,90
	mit grünen Spargelspalten	

701	„Die klassische Art"	10,50
	Spargel mit Schinken und neuen Kartoffeln	
	dazu Hollondaise	

Nach dem befahren

Schranke schließen

An 0.24 (2. bis 8. Okt An 0.22)

Berlin Hbf (tief) - nicht 10., 11., 24. bis 27. Okt -

Wegen Umbau ist die Getränke-station

ABGESCHALTEN!

Hitziger Start des Frühlingsfestes

Drei Mann landen im Polizeiarrest

Insbesondere der berühmt-berüchtigte Plural-s-Apostroph verbreitet sich rasend schnell:

Alle CD´s zum Sonderpreis!

Über den Zeitraum von einer Woche hinweg erhalten die Kinder den Auftrag, all das zu sammeln, wovon sie meinen, dass sprachlich irgendetwas nicht stimmen könnte. Wer technisch dazu in der Lage ist (kleine Digitalkamera, Fotohandy), soll die Beispiele abfotografieren. Die Ergebnisse werden zusammengetragen, sortiert, und Korrekturmöglichkeiten werden gesucht. Dabei müssen die Kinder permanent rechtschriftlich denken und, um zu einer Lösung zu kommen, ihre Rechtschreibstrategien anwenden. Ganz nebenbei entwickeln sie ein hohes Maß an Fehlersensibilität. Damit das nicht nur implizit abläuft, sollen kurze Aufzeichnungen erstellt werden. Sind ausreichend Bilder vorhanden, lässt sich das Ganze zudem wunderbar präsentieren.

Mögliche Anschlussaufgaben

- zielgenaue Detektivarbeit (wie oben beschrieben) nach Wunsch der Kinder: Apostrophgebrauch, Groß- und Kleinschreibung usw.
- Gestalten einer Präsentationswand für die Schule

Mit Sprache spielen – „Falsches raus!"

(alle Jahrgangsstufen)

Standardbezug

Sprache und Sprachgebrauch untersuchen
an Wörtern, Sätzen, Texten arbeiten
* Wörter sammeln und ordnen,
* mit Sprache experimentell und spielerisch umgehen.

„Falsches raus!" erweitert den aktiven und passiven Wortschatz. Und weil permanent in allen möglichen sprachlichen Kategorien nachgedacht werden muss, fördert das Sprachspiel das Anwenden von Strategien in allen Bereichen. Das ist manchmal einfach, manchmal knifflig; manchmal gibt es keine eineindeutige Lösung, manchmal zwei oder mehr Möglichkeiten.

Aus einer Reihe von Wörtern muss dasjenige herausgefunden werden, das nicht hineinpasst. Zuerst muss also das Gemeinsame, dann das Unterscheidende entdeckt werden. Dabei können ganz unterschiedliche Kriterien und Merkmale angewandt werden. Folgende Beispiele können im Unterricht unmittelbar verwendet werden:

Rotbuche – Silbertanne – Trauerweide – Blaufichte
Bäume, aber die Trauerweide hat kein Farbadjektiv in ihrem Namen.

Himbeere – Erdbeere – Stachelbeere – Brombeere
Beeren, aber Stachelbeere hat vier Silben.

Schnabelente – Rotfuchs – Blauwal – Rotkehlchen
Tiere, aber die Schnabelente hat kein Farbadjektiv in ihrem Namen.

Sessel – Stuhl – Hocker – Couch
Auf allen kann man sitzen, aber Couch ist als einziges Wort feminin; nur auf der Couch können mehrere sitzen.

Väter – Mütter – Schwestern – Brüder
Alle gehören zur Familie, aber die Schwestern haben keinen Umlaut.

Messer – Gabel – Löffel – Teller
Drei gehören zum Besteck; Gabel hat keinen Doppelkonsonant.

---

rennen – schlurfen – werfen – hüpfen
…

windig – heimisch – hörbar – tapfer
…

binden – trennen – stellen – brennen
…

Rotkraut – Weißkraut – Schleierkraut – Sauerkraut
…

Auto – Eisenbahn – Flugzeug – Pferdekutschen
…

lieb – blöd – geizig – böse
…

Mögliche Anschlussaufgaben

- „Falsches raus!" kann kooperativ (dann gerät das Finden der Struktur, d. h. die Sprache ins Zentrum) oder im Wettbewerb (dann stehen eher Sieg oder Niederlage im Vordergrund) gespielt werden.
- Kinder finden eine unendliche Anzahl an weiteren Reihen; eine Hausaufgabe könnte sein: „Finde mit Papa, Mama, Oma, Opa, Tante usw. weitere Beispiele!" – Kinder und Erwachsene denken gemeinsam nach.

Kopfzerbrecher I – Das Schaufenster
(alle Jahrgangsstufen)

Standardbezug

Sprache und Sprachgebrauch untersuchen
sprachliche Verständigung untersuchen
- Unterschiede von gesprochener und geschriebener Sprache kennen,
- über Verstehens- und Verständigungsprobleme sprechen.

an Wörtern, Sätzen, Texten arbeiten
- die Textproduktion und das Textverständnis durch die Anwendung von sprachlichen Operationen unterstützen.

grundlegende sprachliche Strukturen und Begriffe kennen und verwenden

Der untenstehende dringende Hinweis wurde auf dem Sims vor einem Schaufenster entdeckt; der Besitzer des Ladens war wohl unzufrieden damit, dass auf den Bus wartende Passanten den Blick auf seine Waren verstellen. Liest man den Satz, hat man ein ungutes Gefühl: Etwas stimmt hier nicht. Vom Sprachgefühl her können wir die Stelle auch sofort identifizieren; zu erklären, warum wir uns an „sitzen" stören, ist aber gar nicht so leicht. Kinder argumentieren auf unterschiedlichen Ebenen: Befehlsform? Aktiv – Passiv? usw. (Tipp: Vorgang – Zustand). Und wenn „sitzen" passt, wie muss dann der Satz richtigerweise heißen?

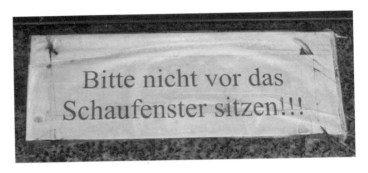

Oder was ist mit dem folgenden Satz? Auch Sprachgewandte geraten ins Nachdenken – das lässt sich doch eleganter (und richtiger?) sagen:
„Mit gutem Mut ging sie an die Sache heran."

Mögliche Anschlussaufgaben

- weitere „Kopfzerbrecher"-Sätze suchen und finden
- eine Präsentationswand oder ein „Kopfzerbrecher"-Heft für die Schule gestalten
- BASTIAN SICKS Bücher „Der Dativ ist dem Genitiv sein Tod" (siehe S. 110) als Anregung nutzen

Kopfzerbrecher II – Im Einrichtungshaus
(alle Jahrgangsstufen)

Standardbezug

Sprache und Sprachgebrauch untersuchen
sprachliche Verständigung untersuchen
- Unterschiede von gesprochener und geschriebener Sprache kennen,
- über Verstehens- und Verständigungsprobleme sprechen.

an Wörtern, Sätzen, Texten arbeiten
- die Textproduktion und das Textverständnis durch die Anwendung von sprachlichen Operationen unterstützen.

grundlegende sprachliche Strukturen und Begriffe kennen und verwenden

Viele Formulierungen, die im Mündlichen ohne Beanstandung „durchgehen", lassen einen stutzen, wenn sie schriftlich vorliegen. So etwa dieser Satz aus einer Filiale eines weltumspannenden Einrichtungskonzerns:

Das ist meine Lösung

Es gibt ein Paar Ecken zuhause die sich wunderbar zum verstauen eignen.
Zum Beispie/ der Platz über Türen und Fenstern.
Mit Regalen hast du hier Ablagefläche für Dinge, die du nicht oft benötigst

Die meisten Möbel sind Flexibel und haben mindestens zwei Funktionen

In meinem Bett sch afe ich nicht nur. Ich sehe fern, telefoniere mit Freunden.

Da stellt sich (nicht nur) die spannende Frage, was denn nun verstaut werden soll … Weil die „Kopfzerbrecher" direkt auf das Sprachgefühl und -vermögen der Kinder zielen, können die Beispiele „nur" präsentiert werden, ohne jeden weiteren Kommentar. Die Kinder nehmen auf, finden schnell leichte Rechtschreibfehler und reiben sich dann an den semantischen und grammatischen Seltsamkeiten. Wie sie ihr implizites Wissen um Sprache in Erklärungen kleiden, ist der entscheidende (und so spannende) Punkt.

Mögliche Anschlussaufgaben
- weitere „Kopfzerbrecher"-Sätze suchen und finden
- eine Präsentationswand oder ein „Kopfzerbrecher"-Heft für die Schule gestalten
- BASTIAN SICKS Bücher „Der Dativ ist dem Genitiv sein Tod" (siehe S. 110) als Anregung nutzen

Kopfzerbrecher III – Verflixte Fälle
(alle Jahrgangsstufen)

Standardbezug

Sprache und Sprachgebrauch untersuchen
sprachliche Verständigung untersuchen
- Unterschiede von gesprochener und geschriebener Sprache kennen,
- über Verstehens- und Verständigungsprobleme sprechen.

an Wörtern, Sätzen, Texten arbeiten
- die Textproduktion und das Textverständnis durch die Anwendung von sprachlichen Operationen unterstützen.

grundlegende sprachliche Strukturen und Begriffe kennen und verwenden

Die deutsche Sprache hat ihre Tücken, wenn es um den richtigen Gebrauch des Kasus geht, insbesondere in Verbindung mit Präpositionen. Ein reales Beispiel mit gleich zwei Unstimmigkeiten soll Kinder zum Nachdenken anregen und ihr Sprachgefühl sowie ihr Wissen in der (Mutter-)Sprache aktivieren.

Auf dem Laufband an der Straßenbahnhaltestelle:

```
der Linie 4 zu Verspätungen … Wegen einem
Verkehrsunfall kommt es auf der Linie 4
zu Verspätungen … Wegen einem Verkehrs-
unfall kommt es auf der Linie 4 zu Versp
```

Mögliche Anschlussaufgaben
- als Forscher und Entdecker weitere „verflixte Fälle" suchen und finden oder konstruieren
- BASTIAN SICKS Bücher „Der Dativ ist dem Genitiv sein Tod" (siehe S. 110) als Anregung nutzen

Geheime Botschaften
(alle Jahrgangsstufen)

Standardbezug

Sprache und Sprachgebrauch untersuchen
an Wörtern, Sätzen, Texten arbeiten
- mit Sprache experimentell und spielerisch umgehen.

Die Menschen waren stets einfallsreich, wenn es darum ging, geheime Botschaften zu verschlüsseln. Nur der, der den Code besitzt oder aber ihn knacken kann, soll in der Lage sein, den Text zu verstehen. Wichtig ist, dass beim Verschlüsseln ganz genau und planvoll gearbeitet wird.

„Geheime Botschaften" zu fabrizieren, Texte auf allerlei Arten zu verschlüsseln, umzubauen und zu verändern – Kinder gehen an diese Art von Spracharbeit mit viel Enthusiasmus heran, versuchen, einen unknackbaren Code zu entwerfen. Ein gewünschter Nebeneffekt ist, dass die Schüler dabei permanent mit Wörtern und deren Schreibung, mit Sätzen und deren Syntax u. v. m. arbeiten. Und dies tun auch diejenigen, die sich anschließend abmühen, den Code zu knacken, wozu es großer Konzentration und Arbeitsausdauer bedarf.

Wie kann man Texte verschlüsseln? Ausgehend vom Satz *Diesen Text kann man nur durch Probieren entschlüsseln* werden im Folgenden drei Möglichkeiten vorgestellt:
- Bestimmte Vokale werden durch einen anderen ersetzt, also a durch i, e durch o, i durch u, o durch a, u durch e:
  Duoson Toxt kinn min ner derch Prabuoron ontschlüssoln.
- Nach Vokalen werden sinnlose Buchstabenkombinationen eingefügt oder bestimmte Vokale werden weglassen:
  Diegxtsegxtn Tegxtxt kauoenn mauoen nur durch Probiegxtregxtn egxtntschlüssegxtln.
  Dsn Txt knn mn nur durch Probrn ntschlüssln.

- Man ersetzt bestimmte Buchstaben durch Ziffern; je mehr Ersetzungen vorgenommen werden, umso komplexer wird die Verschlüsselung:
  E = 7; H = 8; M = 4; N = 6; R = 3; S = 1; T = 5; U = 2
  Di7173 57x5 i15 l71ba3.

Mögliche Anschlussaufgaben
- weitere Codierungsideen entwickeln
- geeignete Texte der Kinder- und Jugendliteratur vorgeben und verschlüsseln lassen
- codierte Texte am Schwarzen Brett veröffentlichen
- Material für andere Klassen entwerfen

Stilblüten I
(alle Jahrgangsstufen)

Standardbezug

Sprache und Sprachgebrauch untersuchen
an Wörtern, Sätzen, Texten arbeiten
- sprachliche Operationen nutzen: umstellen, ersetzen, ergänzen, weglassen,
- mit Sprache experimentell und spielerisch umgehen.

In manchen Innenstädten dürfen die Autos nicht schneller fahren als die Fußgänger.
Schnecken kriechen langsamer als Menschen.

Solche Stilblüten, gerade in Verbindung mit Vergleichen, gibt es zuhauf. Sie regen oft zum Lachen, immer aber zum Nachdenken an: Wo liegt eigentlich der Fehler? Wie müsste es denn richtig heißen? Welche Lösungsmöglichkeiten gibt es?
   Der Vorteil solcher Aufgaben ist, dass es keine eineindeutige Lösung gibt, sondern sich allerlei Möglichkeiten ergeben:
- austauschen
- ergänzen
- umstellen

Mögliche Anschlussaufgaben

- in Zeitungen seltsame Aussagen (Stilblüten) suchen lassen (eine wahre Fundgrube ist der „Hohlspiegel" im DER SPIEGEL)
- Nachdenken, ob man solche Sätze bewusst konstruieren kann
- hinkende Vergleiche („scharf wie Feuer") können schon Erstklässler finden. Sie übernehmen dann die Leitung „ihres" Beispiels.

Stilblüten II – „Blonderes Blond"
(alle Jahrgangsstufen)

> **Standardbezug**
>
> Lesen – mit Texten und Medien umgehen
>
> Sprache und Sprachgebrauch untersuchen

Folgender Werbeslogan stammt aus der Werbeanzeige eines Herstellers für Haarpflegeprodukte:

IN JEDEM BLOND STECKT EIN NOCH

BLONDERES BLOND.
ZEIGEN SIE ES!

Nässer als nass? Schwärzer als schwarz? Ein „blonderes Blond"?

Um ihr Ziel zu erreichen, spielt Werbung oft mit Sprache – und das manchmal richtig intelligent. Werbung als Plattform für das Nachdenken über Sprache bietet eine ganze Menge. Dabei geht es weniger darum, „Fehler" zu entdecken, als vielmehr dem Ungewöhnlichen nachzuspüren und den Pfiff herauszufinden, mit der die Werbemacher versuchen, den potenziellen Kunden zu überzeugen.

Im speziellen Fall denken Kinder intensiv über die mögliche, unmögliche oder unsinnige Steigerung von Adjektiven nach – ein Beitrag zur Sicherung der Wortarten und ihrer Besonderheiten.

Mögliche Anschlussaufgaben

- Werbung sammeln
- Werbung kreieren
- einen einfachen Werbefilm drehen (Plakate im Standbild, Sprecher aus dem Off)

Wann ist ein Satz ein Satz?

(2.–4. Jahrgangsstufe)

Standardbezug

Sprache und Sprachgebrauch untersuchen
sprachliche Verständigung untersuchen
- Unterschiede von gesprochener und geschriebener Sprache kennen.

an Wörtern, Sätzen, Texten arbeiten
- mit Sprache experimentell und spielerisch umgehen.

Gemeinsamkeiten und Unterschiede von Sprachen entdecken
- Deutsch – Fremdsprache, Dialekt – Standardsprache; Deutsch – Muttersprachen der Kinder mit Migrationshintergrund; Deutsch – Nachbarsprachen.

Stellt man Erwachsenen die Frage, was ein Satz sei, hört man zumeist die Antwort: „Ein Satz braucht ein Subjekt und ein Prädikat."

Das trifft sich mit der Feststellung der Duden-Grammatik: „Einfache Sätze sind Sätze, denen grundsätzlich *ein* Verb zugrunde liegt. Im Satz erscheint es in finiter Form." (DUDEN GRAMMATIK, S. 604)

Allerdings: In der Duden-Grammatik wird, wenige Seiten vorher, der Satz in einer komplexeren Form dargestellt:
„Relativ selbstständig und abgeschlossen sind Sätze unter verschiedenen Gesichtspunkten:

- Sie haben einen bestimmten grammatischen Bau [...]
- Sie sind inhaltlich relativ abgeschlossen
- Sie sind – in gesprochener Sprache – durch ihre Stimmführung als (relativ) abgeschlossen gekennzeichnet. [...] (DUDEN GRAMMATIK, S. 590)

Die eingangs zitierte Antwort, auch das ist typisch, bezieht sich vor allem auf die Schriftlichkeit. Kaum jemand denkt daran, dass die mündliche Sprache nicht nur anderen Regularitäten folgt, sondern gekennzeichnet ist unter anderem durch Ellipsen sowie logische, grammatische und syntaktische Brüche in den Äußerungen – die der Gesprächspartner oder Hörer aber nur selten wahrnimmt. (Nicht einmal der unglaubliche Unsinn der berühmten Transrapid-Rede von Edmund Stoiber erschloss sich den anwesenden Zuhörern gänzlich unmittelbar.) Hier hilft „Ein Satz braucht ein Subjekt und ein Prädikat" kaum weiter.

In der Schule tendieren wir dazu, die syntaktische Variante überzubetonen, also die des grammatischen Baus. Demgemäß lassen wir in einem nächsten Schritt die Satzglieder nach den Kasus-Fragen isolieren und in Objekte und Ergänzungen (vor allem temporal und lokal) unterteilen. Viel zu wenig, dabei ist das so entscheidend für ein grundsätzliches Verstehen, wird noch beachtet, dass es das Verb ist, das um sich herum Platz für weitere Elemente des Satzes schafft. Ein kleines Beispiel: Braucht das Verb „weinen" eine unbedingte (obligatorische) Ergänzung? Wie sieht es bei „schlagen" aus? Wie bei „wohnen" oder „verdienen"?

Verben verlangen andere Satzglieder als Ergänzung

Die (öffentliche, schriftliche) Sprachwirklichkeit allerdings zeigt noch ein ganz anderes Bild. Neben oft unverständlichen Anglizismen arbeitet die Werbung mit Verkürzungen, Deformationen, fehlenden Satzzeichen usw. Das nehmen Kinder wahr, daraus generieren sie ihre Vorstellungen davon, was ein Satz oder was zumindest satzwertig ist.

Für jeden das Passende!

Klasse!

Dieser kleine Kamm? Eine große Verbesserung!

Frische Luft. Klares Wasser. Reine Freude.

81-cm-Ambilight-LCD-TV!

Happy Birthday, bahn.bonus.

Mögliche Anschlussaufgaben

- die klassische Jäger-und-Sammler-Aufgabe: Augen offen halten – dokumentieren – mitbringen (eventuell schon als vorbereitende Hausaufgabe)
- präsentieren und erklären

Sich in die Sprache hineinwühlen – Große Schlussfragen

(alle Jahrgangsstufen)

Standardbezug

Sprache und Sprachgebrauch untersuchen
an Wörtern, Sätzen, Texten arbeiten
- Wörter strukturieren und Möglichkeiten der Wortbildung kennen,
- Wörter sammeln und ordnen,
- sprachliche Operationen nutzen: umstellen, ersetzen, ergänzen, weglassen,
- die Textproduktion und das Textverständnis durch die Anwendung von sprachlichen Operationen unterstützen,
- mit Sprache experimentell und spielerisch umgehen.

Gemeinsamkeiten und Unterschiede von Sprachen entdecken
- Deutsch – Fremdsprache, Dialekt – Standardsprache; Deutsch – Muttersprachen der Kinder mit Migrationshintergrund; Deutsch – Nachbarsprachen.

Die „großen Schlussfragen" zeigen, welche Schätze es in unserer Sprache zu heben gibt. Dazu muss man sich allerdings tief in die Sprache mit all ihren Möglichkeiten, Festlegungen und Facetten hineinwühlen. Sie eignen sich für kleine Einheiten zwischendurch, erfahrungsgemäß fesseln sie Kinder aber so sehr, dass diese nicht nur daheim weiterwühlen, sondern oft über lange Zeitspannen hinweg. (Ein Mädchen präsentierte dem Lehrer stolz ein Wort mit acht Konsonanten hintereinander: *Angstschweiß* – vier Monate, nachdem die Klasse sich an dieser Aufgabenstellung gemeinsam die Zähne ausgebissen hatte.)

?
Große Fragen
?

Findest du ein Wort mit fünf Mitlauten hintereinander?

Mit sechs?

Mit sieben?

Mit acht?

?
Große Fragen
?

Welches Wort kommt im Deutschen am häufigsten vor?

Warum ist das so?

Was liegt auf Platz 2?

Wir kennen die 100 häufigsten Wörter. Welche zwanzig/dreißig/vierzig gehören wohl dazu?

Welche Wortart ist unter den 100 häufigsten Wörtern wohl am stärksten vertreten? Warum?

Welche der hundert häufigsten Wörter sind

- Mitsprechwörter?
- Ableitwörter/Nachdenkwörter?
- Merkwörter?

Stehen alle Wörter so im Wörterbuch?

Die 100 häufigsten Wörter

die

der und

zu in ein den das

nicht von sie ist des

sich mit dem dass er es ich

auf so eine auch als an nach wie im für

man aber aus durch wenn nur war noch werden

bei hat wir was wird sein einen welche sind oder um

haben einer mir über ihm diese einem ihr uns da zum zur

kann doch vor dieser mich ihn du hatte seine mehr am denn

nun unter sehr selbst schon hier bis habe ihre dann ihnen seiner alle

wieder meine Zeit gegen vom ganz einzelnen wo muss ohne eines können sei

(Aus: BREMERICH-VOS *2009, S. 168)*

? **Große Fragen** ?

Wohin gehört das Komma?

Komme nicht wegwerfen!

Welch tödlichen Auswirkungen so ein Komma haben könnte, lässt sich leicht vorstellen: Ein König diktiert seinem Schreiber folgenden Satz; dieser setzt das Komma nach Gutdünken:

Komme nicht köpfen!

Literatur

ABRAHAM, ULF/KUPFER-SCHREINER, CLAUDIA/MAIWALD, KLAUS (Hrsg.) (2005): Schreibförderung und Schreiberziehung. Auer: Donauwörth.

ABRAHAM, ULF/KUPFER-SCHREINER, CLAUDIA (Hrsg.) (2007): Schreibaufgaben für die Klassen 1 bis 4. Cornelsen Scriptor: Berlin.

BARNITZKY, HORST (2006): Sprachunterricht heute. Sprachdidaktik – Unterrichtsbeispiele – Planungsmodelle. Cornelsen Scriptor: Berlin.

BAURMANN, JÜRGEN: Die Schreibforschung – ein Glücksfall für die Deutschdidaktik. In: KÖPPERT, CHRISTINE/METZGER, KLAUS (Hrsg.) (2001): Entfaltung innerer Kräfte. Friedrich: Velber.

BECKER-MROTZEK, MICHAEL (2008): Gesprächskompetenz vermitteln und ermitteln: Gute Aufgaben im Bereich Sprechen und Zuhören. In: BREMERICH-VOS, ALBERT/GRANZER, DIETLINDE/KÖLLER, OLAF (Hrsg.) (2008): Lernstandsbestimmungen im Fach Deutsch: Gute Aufgaben für den Unterricht. BELTZ Pädagogik in der Verlagsgruppe Beltz: Weinheim/Basel, S. 52–77.

BEER, WERNER/METZGER, KLAUS/SIMON, WERNER (2008): Hörspiele in der Grundschule. Voraussetzungen – Modelle – Ergebnisse. Brigg: Augsburg.

BEISBART, ORTWIN/MARENBACH, DIETER (2009): Bausteine der Deutschdidaktik. Ein Studienbuch. Auer: Donauwörth.

BÖTTCHER, INGRID/BECKER-MROTZEK, MICHAEL (2003): Texte bearbeiten, bewerten und benoten. Schreibdidaktische Grundlagen und unterrichtspraktische Anregungen. Cornelsen Scriptor: Berlin.

BREMERICH-VOS, ALBERT et al. (Hrsg.) (2009): Bildungsstandards für die Grundschule: Deutsch konkret. Cornelsen Scriptor: Berlin.

CHRISTIANI, REINHOLD/METZGER, KLAUS (Hrsg.) (2004): Die Grundschul-Fundgrube für Vertretungsstunden. Cornelsen Scriptor: Berlin.

DUDEN Grammatik der deutschen Gegenwartssprache (1995), Duden Band 4, 5. Auflage. Dudenverlag: Mannheim/Leipzig/Wien/Zürich.

GRELL, JOCHEN (2000): Direktes Unterrichten. Ein umstrittenes Unterrichtsmodell. In: WIECHMANN, JÜRGEN (Hrsg.) (2000): Zwölf Unterrichtsmethoden. Vielfalt für die Praxis. Beltz: Weinheim.

HELMKE, ANDREAS (2003): Unterrichtsqualität erfassen – bewerten – verbessern. Kallmeyer: Seelze.

HELMKE, ANDREAS (2007): Wie lernen Schüler erfolgreich? Friedrich Jahresheft: Seelze.

MANZ, HANS (1978): Kopfstehen macht stark oder Die Kunst, zwischen den Zeilen zu lesen. Neues Sprachbuch für Kinder. Beltz und Gelberg: Weinheim/Basel.

METZGER, KLAUS (2008): Gute Aufgaben Deutsch – Heterogenität nutzen. Cornelsen: Berlin.

Rosenbrock Cornelia/Nix Daniel (2008): Grundlagen der Lesedidaktik und der systematischen schulischen Leseförderung. Schneider Verlag Hohengehren: Baltmannsweiler.

Schulz, Gudrun (2005): Märchen in der Grundschule. Cornelsen Scriptor: Berlin.

Seel, Norbert M. (2000): Psychologie des Lernens. Reinhardt: München/ Basel.

Spinner, Kaspar H. (2001): Umgang mit Texten und Medien. In: Einsiedler, Wolfgang et al. (Hrsg.) (2001): Handbuch Grundschulpädagogik und Grundschuldidaktik. Klinkhardt: Bad Heilbrunn, S. 420–424.

Staatsinstitut für Schulqualität und Bildungsforschung (2007): Theorien des Lernens – Folgerungen für das Lehren. München.

Stern, Elisabeth (2006): Was wissen wir über erfolgreiches Lernen in der Schule? In: Pädagogik 58/1, S. 45–49.

Weinert, Franz E.: Lerntheorien und Instruktionsmodelle. In: Ders. (Hrsg.) (1996): Psychologie des Lernens und der Instruktion. Hogrefe: Göttingen.

Wiechmann, Jürgen: Unterrichtsmethoden. Vom Nutzen der Vielfalt. In: Ders. (Hrsg.) (2000): Zwölf Unterrichtsmethoden. Vielfalt für die Praxis. Beltz: Weinheim.

Literaturangaben zu den auf Seite 82 aufgeführten Texten

Busta, Christine: Baum im Winter, aus: Dies. (1965): Unterwegs zu älteren Feuern. Müller: Salzburg.

Claudius, Matthias: Ein Lied hinterm Ofen zu singen. In: Pratz, Fritz (Hrsg.) (1983): Lyrikbuch. Gedichte und Balladen. Diesterweg: Frankfurt am Main/Berlin/München, S. 19 f.

Deppert, Fritz: Winterwunschnacht. In: Gelberg, Hans-Joachim (Hrsg.) (1988): Die Erde ist mein Haus. Beltz & Gelberg: Weinheim/Basel, S. 227.

Falke, Gustav: Winter. In: Kliewer Heinz J./Kliewer Ursula (Hrsg.) (2002): Über den halben Himmel. Gedichte für die Grundschule. Schneider Verlag Hohengehren: Baltmannsweiler.

Guggenmos, Josef: Ich male mir den Winter. In: Ders. (1992): Ich will dir was verraten. Beltz & Gelberg: Weinheim/Basel, S. 95.

Hacks, Peter: Der Winter. In: Ders. (1973): Der Flohmarkt. Gedichte für Kinder. Benziger: Zürich/Köln.

Krolow, Karl: Eisblumen. In: Kliewer Heinz J./Kliewer Ursula (Hrsg.) (2002): Über den halben Himmel. Gedichte für die Grundschule. Schneider Verlag Hohengehren: Baltmannsweiler.

Unbekannt: Es ist ein schne gefallen. In: Münchner Liederbuch. München: Staatsbibliothek, aus: Unterwegs. Lesebuch 6. Klett: Leipzig/Stuttgart/ Düsseldorf, S. 67.